Giramondo
Racconti di viaggi indimenticabili

Vincenzo Berghella

Copyright Page

Copyright year: 2011

Copyright notice: by Vincenzo Berghella

All rights reserved

ISBN No: 978-0-578-13711-7

Dello stesso autore:

- **Obstetric Evidence Based Guidelines.** Informa Healthcare, London, UK, and New York, USA (2007) [English]
- **Maternal Fetal Evidence Based Guidelines.** Informa Healthcare, London, UK, and New York, USA (2007) [English]
- **Laughter, the best medicine. Jokes for everyone.** (2007) [English]
- **Ridere, la migliore medicina. Barzellette per bambini.** (2007) [Italiano]
- **My favorite quotes.** (2009) [English]
- **In medio stat virtus – Citazioni d'autore.** (2009) [Italiano]
- **Quello che di voi vive in me.** (2009) [Italiano]
- **Dall'altra parte dell'oceano.** (2009) [Italiano] [Translated in: **On the other side of the ocean.** (2013) [English]
- **Preterm Birth: Prevention and Management.** Wiley-Blackwell. Oxford, United Kingdom. (2010) [English]
- **From father to son.** (2010) [English]
- **Sollazzi.** (2010) [Italiano]

- **The land of religions.** (2011) [English] [Translated in: **La terra delle religioni.** (2013) [Italiano]

- **Giramondo.** (2011) [Italiano]

- **Obstetric Evidence Based Guidelines.** Informa Healthcare, London, UK, and New York, USA (2012; Second Edition) [English]

- **Maternal Fetal Evidence Based Guidelines.** Informa Healthcare, London, UK, and New York, USA (2012; Second Edition) [English]

- **Trip to London.** (2012) [English]

- **Il primo amore non si scorda mai**. (2012) [Italiano]

- **Maldives.** (2013) [English]

- **Russia.** (2013) [English]

- **Happiness: the scientific path to achieving well-being** (2014) [English]

*Il mondo è un libro, e quelli che non viaggiano
ne leggono una sola pagina*

Introduzione

Malesia, Costa Rica, Egitto, Isole Vergini, Parigi e Perù. Ho raccolto in queste pagine le mie sensazioni di questi magnifici posti che ho avuto la fortuna di visitare recentemente, con famiglia e a volte amici.

Per lavoro, o solo per diletto, adoro viaggiare. I viaggi danno una grande apertura mentale. Come disse Charles de Montesquieu, visitando nuovi paesi si riesce a cancellare i pregiudizi acquisiti nel proprio paese, e si imparano tanti modi di essere, a volte migliori dei propri del paese di origine.

Le nuove conoscenze mi aiutano a crescere, a scoprire abitudini e storie diverse da quelle italiane o americane che ho acquisito nelle nazioni dove sono vissuto. Da ognuno di questi viaggi, quello che ho imparato lo ho aggiunto come un tassello alla costruzione di quello che sono io, facendone, spero, una persona migliore.

Il viaggio più importante è quello verso il perfezionamento di se stessi. Conoscere il mondo ci aiuta a scegliere le abitudini più appropriate per noi stessi. Un detto giapponese dice che il giorno che smetterai di viaggiare, sarai arrivato. Io ho ancora voglia di migliorarmi, e so che dovrò viaggiare ancora un po' per sperare di diventare sempre meglio di quello che sono.

Vincenzo

Indice

11	Malesia
21	Costa Rica
31	Egitto
65	Isole Vergini
83	Parigi
105	Perù

Taman Negara, Parco Nazionale della Malesia, Asia
(Novembre 2006)

Siamo veramente in un angolo del mondo al di fuori del tempo e delle mappe. Taman Negara, in malese, significa letteralmente "Parco Nazionale". Si trova al centro della Malesia, e si raggiunge dopo 3 ore di viaggio in pullman da Kuala Lumpur fino a Kuala Temberlin. "Kuala" in malese vuol dire "foce", perché a questo "jetty" stop (fermata per le barche) il sungai (fiume) Temberlin si inietta nel sungai Jelay.

Appena fuori KL (Kuala Lumpur, i malesi abbreviano tutto), il paesaggio è quello della giungla: verdissimo, palme, tanta luce. Ma, a toccare le punte degli alberi, c'è l'umido grigio della foschia, ovattamento nuvoloso, il respiro della giungla, che mantiene tutta la vita sotto, vegetale e animale, piena di acqua e quindi di salute.

L'unico stop è per fare pipì. Io compro dal piccolissimo vecchio Malay una kickapoo joy juice, tipo una limonata-sprite fatta in Malesia. Devo provare di tutto qui. Arrivati a Kuala Temberlin, c'è mister Joon ad aspettarci. Paola, la migliore organizzatrice di viaggi del mondo, ha prenotato un viaggio "all-inclusive" per Tamara Negara. Quindi mister Joon è lì ad aspettare solo noi due. Ci tratta da reali, anche se qui è solo semplice povertà che ci circonda.

La "stazione" consiste di un ristorantino, salone d'aspetto, 3-4 stanzine per varie agenzie, bagni. Il ristorantino è uno stanzone popolato da asiatici. I più ricchi, i potenti, a Singapore come in Malesia o Indonesia, e credo in tutto il sud-est asiatico, sono i cinesi. Mister Joon, cinese, si comporta da comandante, e ordina il nostro pranzo (non esiste menù). Ci fa sedere in un tavolino all'angolo, forse da privilegiati.

La cameriera, malese, ci porta riso e pollo a stufato con spezie locali, frittatone oleoso, e insalata verde e bianca, cotta e mista. Il riso è una delle poche pietanze che sono familiari a noi occidentali, e lo divoro, tanto per essere sicuro che anche oggi qualcosa possa essere mangiato. Il pollo non è male, mischiandolo al riso bianco bollito il sapore speziato si attutisce.

L'insalata, su consiglio di Paola, non la tocchiamo neanche. Alcuni vegetali sembrano non cotti, e le guide, tutte, più la specialista di malattie tropicali di Jefferson, ci avevano consigliato di non toccare roba non cotta. "Cook it, boil it, peel it, or leave it" ("Cuocilo, bolliscilo, pelalo, o lascialo"), come scritto nell'unica guida disponibile su Taman Negara.

Vedendo Paolina mangiare la frittatona, la provo anch'io. In effetti, a parte il fatto che è piena di olio di bassa lega, è buonissima. Saranno almeno quattro uova, ne mangio metà. Da bere, tè caldissimo, quando la temperatura fuori è data a 36°, con >90% di umidità.

Tre o quattro gli altri tavoli occupati. In uno c'è mister Joon, con altri due cinesi. Uno è la giovane guida che ci aveva tenuto compagnia in pullman da KL. Diceva Paola che l'avevo offesa, quando lei, invece di capire che io le dicevo che non sembrava malese, aveva frainteso credendo che io insinuassi che lo fosse. C'è molta distinzione di razze qui nel sud-est asiatico, e dire che Paola non distinguerebbe un filippino da un cambogiano, mentre qui per secoli si sono uccisi a più riprese per queste distinzioni razziali.

Arrivati a mezzogiorno, avendo finito di mangiare alle 12:30, ora non ci restava che aspettare le 2, quando la "coincidenza" per la piroga per Kuala Tahan, l'entrata per Taman Negara, doveva partire. Che fare? Intanto, e senza il minimo sforzo, sudare. Le guide turistiche ci avevano consigliato di vestirci con maniche lunghe, pantaloni lunghi, calze (per difenderci dagli insetti, in particolare le zanzare). Paola stava già anche prendendo il Malarone, profilassi contro la malaria. Il mio dottore, dello stesso centro, non me lo aveva consigliato, "solo per la Cambogia", aveva detto. Vestiti così, con quel caldo e umidità, si suda, in faccia, sul petto e attorno al collo, nelle mutande.

Un frigo con scritto Nestlè attira la mia attenzione. Più tardi comprerò un gelato con dentro "kit kat", da mondo sviluppato (non in via di sviluppo), che io non avevo trovato né a Philadelphia né a Tarquinia. Ci sono alcuni malesi a poltrire nelle agenzie. Uno strimpella la chitarra, e io penso a Pietro. Cercando di ingannare il caldo e quell'atmosfera di immobilità (temperatura, vita, ecc.), esploro i negozietti di fronte. Non siamo proprio a Corso Umberto a Pescara. Sono gestiti da locali, poverissimi. Vendono vegetali locali, anche pesce del fiume, ma si trovano anche "Pringles" e dentifricio Colgate. Le negozianti parlano pochissimo inglese, ma i loro piccolini, di 2-4 anni e quasi nudi, mi dicono "hello" con un sorriso raggiante.

Compro due bottiglioni di acqua, ognuno solo un riggit e 50, ossia meno di mezzo dollaro, meno della metà del prezzo a KL. Compro anche dei Pringles locali, con un nome diverso ma la stessa fotografia, e la negoziante mi dice che sono buonissimi. Sempre per essere sicuri di avere qualcosa da mangiare, più tardi. "Tarima kase" vuol dire "grazie" in malese, e ce lo scambiamo. Questo sembra un posto di frontiera, dall'atmosfera strana, fuori dal mondo.

Dall'altra parte, invece, c'è il fiume. Malgrado del Temberlin non abbia mai sentito parlare, è un grande fiume, almeno 100 metri di larghezza, avana marroncino chiaro. La nostra stazione è almeno 20 metri più in alto, sui "banks" (argini) alti del fiume, quindi si ammira l'incrocio dei tre corsi d'acqua, l'arrivo perpendicolare del Sunga Temberlin nel Sunga Jelai.

In riva, le piroghe. Sono tutte di legno di giungla, larghe al centro al massimo meno di due metri, ma lunghe 18-20 metri, finissime, leggerissime. Sopra hanno un tettuccio di alluminio, anch'esso finissimo, per proteggere dal sole e soprattutto dalla pioggia tropicale.

Alfine mister Joon, per un po' scomparso, ci dice che si parte, sono le due. Scendiamo con le Samsonite pesantissime al molo, una zattera 5 x 7 metri galleggiante sul fiume, e poi ci fanno accomodare sulla piroga. La lunghissima e stretta piroga può accogliere circa 16 posti, ma in 8 file da 2. Siamo solo sei passeggeri (gli altri quattro una famiglia svedese), più il pilota malese a comando del motore Mariner da 40 cavalli.

Già mettendo piede nella piroga si apprezza che è un fuscello, molto instabile. Meglio stare "in mezzo" il più possibile, e fermi, ogni movimento "di lato" causerebbe un facile ribaltamento. Una volta tutti seduti, con le Samsonite a prua, si parte. Il pilota è come Schumacher: mette a tutta, e risaliamo il Temberlin. La corrente, a noi contraria, è fortissima, velocissima. Grossi tronchi vengono portati via come fossero piccoli stuzzicadenti.

Non fa più caldo, ora in faccia arriva un venticello fresco, pulito, morbido. E qualche spruzzo d'acqua. Vista la portata, e il colore melmoso, soprannomino subito il Temberlin "Mekong". In effetti il Mekong, che sorvoleremo tra qualche giorno sulla Cambogia, è uguale, solo ancora più grande e potente.

La piroga scorre veloce, a tutta birra. Ogni tanto scricchiola, soprattutto nel seguire le ampie curve del fiume. A volte si deve rallentare, quando il motore è impigliato in qualcosa al fondo, chissà, il fondale troppo basso, o a volte un ramo.

Ai lati del "Mekong", la foresta, la giungla. Alberi alti fino a 80 metri, dal fusto bianco, spuntano dal verde intenso degli alberi sottostanti, di mille specie, di mille forme. Dagli 80 metri degli alberi più alti, giù fino all'acqua del fiume, tutte foglie, foglione, arbusti, cespugli, erbe, rami coperti di verde che si tuffano, si adagiano sull'acqua. Una parete foltissima di vita e di clorofilla.

Malgrado Paola la scruti anche con il binocolo, per 2 ore e mezza la folta giungla della riva del Temberlin non rivela molto altro, è segretissima. Qualche uccello blu. Bufali d'acqua, blu-grigi con le corna, a fare il bagno sulla riva, immobili e pacifici. Qualche barchetta sulla riva. Il fiume, visto dalla piroga in movimento, è piatto, con superficie argentea marrone. Tra i tanti alberi, spesso anche palme. Ce ne sono centinaia di specie diverse, alcune, in altre parti della Malesia, anche coltivate. Ogni tanto, un pescatore malese, immerso fino all'ombelico nel fiume, a pescare. Paola continua a vedere gli uccelli blu.

Dover fare questo viaggio in piroga per più di due ore e mezza già rilassa, e fa entrare la mente nella giungla. Siamo nel mezzo della Malesia. Dietro la parete di verde, tigri, elefanti, pantere, cinghiali, nessuna casa e cemento. Non viene voglia di leggere, solo di pensare, guardando la meraviglia e l'immensità viva e pacifica della natura. Sono due ore e mezza di immersione in un mondo che poco è cambiato negli ultimi 130 milioni di anni. Dicono sia la giungla più antica del nostro pianeta.

Alla fine, dopo essersi sempre più allontanati dalla civiltà, sulla riva destra del fiume appaiono ristoranti galleggianti su palafitte, sporchi, decadenti, con malesi appollaiati ai cigli delle zatterone, spaparanzati a fumare. Non una vita che mi attira. Siamo ad un altro incrocio, c'è qui il sungai Tahan che sfocia nel Temberlin. Sulla riva sinistra, solo la nostra stazione, anch'essa galleggiante sul fiume. Malesi sorridenti ci aspettano. Sopra, il cartello "Mutiara Taman Negara".

Mutiara in malese significa "perla", ed è questo il "resort" più gettonato di questo parco nazionale nella giungla. Scendere dalla piroga instabile non è facilissimo, ma ad aspettarci c'è la nostra guida, sorridente. È un malese di 45 anni, con capelli nerissimi e baffi brizzolati. Quando non è con noi fuma sempre, e i denti sono quelli di un contadino novantenne, incorniciati di marrone. Per due giorni però, non farà che sorridere.

Era un tecnico dell'aviazione malese, ma da 10 anni fa la guida nel parco, e ne è molto orgoglioso. Recentemente ha partecipato ad una conferenza sugli ecosistemi e l'ecoturismo in Asia, spiega. Si capisce che è la guida migliore del posto. Come avrà fatto Paola a scoprire proprio lui, cercando su internet dall'altra parte del mondo. Magie sue e del computer.

Il "resort" è tutto di legno. Fatto negli ultimi 20 anni. Il check-in è una baita di legno, e, dietro il piccolo "counter", ci sono due giovani malesi. Sono vestite di seta chiara leggera, tuniche lunghe che non permettono di vedere neanche i piedi. In effetti, malgrado il bancone sia basso, loro sono bassissime, e si vede solo la loro testa da lontano. Pensavo fossero sedute, ma poi penso anche che non cambia molto da sedute a in piedi. La testa è tutta avvolta nel velo, e si vede solo il viso tondo. La pelle è più chiara delle altre malesi, forse perché sono sempre qui, all'ombra del "check-in counter".

Avevo letto che l'Islam è arrivato qui nel sud-est asiatico, a Malacca, nel medio evo (circa 1300), importato dal medio-oriente, in particolare dall'Iraq. I re di Malacca che vi si convertirono potevano così chiamarsi sultani, avere parecchie mogli e figli, e, soprattutto, convertire il popolo ad una religione basata sul rispetto, l'ossequio all'autorità. La religione unisce un popolo al suo capo più di qualunque altro stratagemma.

Dopo il check-in, siamo andati nella nostra villetta, lo chalet numero 61. Gli chalet sono di legno scuro, sembrano svizzeri. Ne passiamo diversi prima di arrivare al nostro. Su uno, parecchi macachi giocano, si rincorrono. I turisti di quello chalet, chiaramente appena arrivati, ne sono quasi terrorizzati, visto che le scimmie scorrazzano fin giù alla porta. Sono festanti, libere, nel loro habitat.

Il nostro chalet, come gli altri, è un metro sopraelevato, per evitare umidità e inondazioni. Entrati, c'è un'ampia stanza con due letti singoli, un piccolo divano-letto, due poltroncine. Incredibilmente, c'è l'aria condizionata. Nel bagno, anche la doccia. Vicino la tazza, anche il tubo per spruzzarsi il sedere dopo essere andati di corpo.

Nell'angolo dello specchio, c'è un piccolo foglietto, con su scritto di non lasciare cibo in giro per la camera. Avevano ragione. Quella sera riportammo dal ristorante 2 piccole banane malesi, che lasciammo sul comò, senza pensare più a quello strano biglietto. La mattina dopo, una delle banane aveva un grosso buco. Capimmo che, mentre noi dormivamo, un ratto o un geco avevano cenato con la nostra banana.

Come ogni pomeriggio di novembre, non solo c'è umidità, ma incomincia a piovere. Il rumore delle gocce purissime di pioggia di questa giungla incontaminata (niente "acid rain") è piacevole, quando le gocce sbattono sul tetto di legno. Quasi una danza, e con il vento leggero, le gocce sembrano colpire a volte più in qua, a volte più in là, nella stanza.

Malgrado Paola non ami la pioggia, durante questo viaggio si rivelerà sempre avventurosa ed audace. Con gli ombrelli del villaggio, ci avviamo ad esplorare questo angolo della giungla. La pioggia smette già. La vegetazione, anche qui nel resort, è lussureggiante. Fiori bellissimi, piante esotiche, bambù rossi arancioni e verdi, palme a vela che poi sono banani.

In giro, a parte le scimmie, vedremo famiglie di cinghiali selvatici grigi a strisce mangiare manghi. Si sente il tonfo del mango che cade dall'albero, ed ecco un cinghiale trotterellare verso il suo pasto caduto dall'alto. Ci sono "monitor lizards", ossia varani lunghi un metro che spuntano da cespugli e attraversano il nostro sentiero come fosse il loro, sculettando lentamente.

Ci si avvia a cena, a buffet. Tutta roba malese. Manzo e pollo con salse varie. Zuppa di funghi, o di anguria e vegetali. Tanto riso. La frutta che ho mangiato a tutti i pasti qui nel sud-est asiatico, inclusa colazione, è la papaya. Rosso-arancione, succosa, morbida, buonissima.

C'è una scolaresca, di almeno 100 bambini delle medie qui in vacanza. È la scuola internazionale di Kuala Lumpur, e son sicuro che non c'è una razza o forse neanche una nazione che non sia rappresentata. I gialli abbracciati ai bianchi, ai neri, ai biondi, agli scuri, gli occhi a mandorla o gli occhi blu, i ricci o i lunghi capelli neri. Bellissimi, felici e spensierati.

L'appuntamento con "Trema-Naik", come abbiamo soprannominato la nostra guida, è per le nove di sera. È sempre sorridente, cordiale. Ha sei figli. Ci accompagna a piedi prima nel Taman Tahan, un posto vedetta immerso almeno 200 metri nella giungla. Abbiamo solo le torce ad illuminare il buio totale, nerissimo della giungla.

Camminando su un sentiero di legno sospeso sul sottobosco, ogni tanto Trema-Naik illumina una pianta, un fiore particolare, sconosciuto a noi, di casa per lui. Anche il regno animale è sveglio. La luce cade su un ragno a "stecco", tutto finissimo fatto come di legnetti dello Shangai, perfettamente mimetizzato tra i fini rami di una pianta per il resto verdissima. Questo ragno piacerebbe senz'altro ad Andrea, diciamo più o meno all'unisono io e Paola, pensando che Andrea ne avrà 5-6 di gomma, altrimenti uguali, a casa a Philadelphia.

Arrivati, a circa 10 metri dal suolo, su una costruzione apposita di legno, ci dice di fare silenzio e spegnere le torce. Io non vedo neanche Paola, a cui carezzo il braccio vicino a me. Fare silenzio? Il rumore della giungla è davvero indescrivibile. Mille suoni invisibili si mischiano. Trema-Naik ci dice di goderci "the conference", la conferenza. Questo veramente è un concerto, melodioso, che le orecchie accettano come ritornassero a millenni fa, quando questo era il concerto di sottofondo della nostra quotidianità.

Ad un tratto, Trema-Naik accende la sua torcia. Il faro (vista la potenza) è un raggio che illumina circa 200 metri più in là, dove c'è una radura. Ci sono due, tre, no sei diamantini che brillano. Si muovono a tratti. Ci spiega che sono gli occhi di tre cervi che brucano. Ci dice di inforcare il binocolo, anch'esso portato con noi con le torce dall'America proprio per questi momenti. Sì, sono tre cervi che mangiano in pace, per nulla indispettiti dal raggio di luce lontana. Più in là, un gatto selvatico. Tutti pacifici e silenziosi, immersi nel concerto notturno.

Il nostro safari continua. Trema-Naik ci porta verso un'altra parte della giungla. Il sentiero è buio, ma sai di essere circondato da tanta vita. Trema-Naik ci fa veder tutto. Sembra essere a casa sua, anzi, probabilmente conosce meglio ogni angolo di questa fittissima foresta del suo tinello. Ogni tanto si ferma, e ci fa spegnere le torce. Sapendo che ci sono almeno 300 tigri in questa giungla, per non dire delle altre migliaia di specie di animali ed insetti, ci si sforza di ubbidirgli.

Col suo inglese "la la la", o malesizzato, ci indica per terra: ci sono dei puntini, grandi almeno 3-5 millimetri, che luccicano. Ci spiega che sono dei funghi particolari della giungla, pieni dell'enzima luciferasi, quello dello lucciole, e quindi sono fosforescenti, e luccicano di bianco al buio. Il loro luccicare attrae gli insetti, cardini della loro riproduzione.

Riaccendiamo le torce. Bisogna ogni tanto puntarle in basso, sul sentiero, visto che è pieno di radici che si intrecciano dagli alberi ai lati del sentiero. Ci fa notare dozzine di altri insetti. Su ad otto metri su un albero, la nostra guida illumina una tarantola. Marrone scura, grande quanto la mia mano aperta, immobile. "Speriamo lo rimanga", penso.

Ad un tratto la guida si ferma. Su un ramo a livello dei nostri occhi, ecco un serpente, verdino ma con la testa velata di arancione/rosso. Si muove piano, da serpente, sul ramo. Io chiedo se è velenoso, Trema-Naik risponde con un non-chalant "yes", che suona come un "certo, che discorsi, qui è la giungla malese". Io mi avvicino, forse troppo dice Paola, e faccio due-tre foto. Con uno scatto, il serpente con un morso potrebbe fermare il mio cuore in pochi secondi. Ci penso solo dopo, per fortuna.

Costa Rica, Centro America
(Marzo 2007)

Una delle parti più eccitanti di un viaggio è la preparazione, l'aspettativa, le settimane che lo precedono. Paola e io ci divertiamo molto a decidere prima quando andare, dove andare, e poi cosa fare, non dico ora per ora, ma almeno giorno per giorno. Andrea voleva andare a Macchu Picchu, Pietro alle Galapagos (le hanno studiate rispettivamente a scuola). Questi viaggi avrebbero richiesto almeno 3 aerei differenti, e un viaggio troppo lungo per una sola settimana, con due "barron" (ragazzi) di 9 e 7 anni.

Ci siamo via via convinti per una vacanza al sud. Io e Paola, e anche i bambini, siamo stati già parecchie volte in Florida, in Georgia, poi anche in tante isole dei Caraibi, come Bahamas, Jamaica, Culebra (Porto Rico), e Punta Cana (Repubblica Dominicana). Io sono stato anche in Martinica, nel 1993 con Michele. Importantissimo, prima di tutto, avere un volo diretto. Preferibilmente USAir, così accumuliamo anche le "miglia".

Avevamo sentito parlare bene della Costa Rica. All'inizio abbiamo pensato al solito resort "tutto compreso" per tutta la settimana. Ma la Costa Rica ha moltissimi posti da visitare, e così si è deciso di affittare una macchina e visitare i luoghi più interessanti, soprattutto considerando di aver con noi Andrea e Pietro. E così abbiamo deciso. Costa Rica. Peccato che non sono venuti Michele e Donatella. In una telefonata sembrava volesse venire anche mia madre. Sarebbe stato bello avere loro. D'altro canto, bisogna fare di necessità virtù.

Questo è il primo viaggio centro-americano con io Paola Andrea e Pietro. Solo noi 4 siamo stati anche alle Tremiti e per un matrimonio in Florida, ma per periodi più brevi. L'idea di passare 24 ore su 24, per 7 giorni, sempre con loro, senza pensare al lavoro o agli impegni, è stimolante e piacevole forse più del viaggio stesso. Viaggiare significa anche conoscere meglio i tuoi compagni di viaggio, apprezzarli in un ambiente diverso, in un contesto nuovo che spesso ne rivela lati sconosciuti.

Allora si parte. Malgrado sforzi per partire "leggeri", abbiamo 5 valigie. Passare dogana, controlli, e check-in è per noi, che abbiamo tutti 2 passaporti a testa, routine. Il volo parte con circa 2 ore di ritardo, vista la fila degli aerei prima di noi. Andrea e Pietro sono seduti vicino alla mamma, e sono bravissimi. Hanno spesso giocato con il Game Boy. Andrea ha anche fatto i compiti di matematica, Pietro e Paola hanno dormito.

Il volo è stato di circa 4 ore e un quarto, e alla fine siamo arrivati quasi in orario (1 ora e mezza di ritardo). Dall'aereo la Costa Rica appare molto verde, con tante montagne. Andrea pensava di atterrare in un prato guardando dal finestrino tutto il verde intorno. Siamo scesi dall'aereo con una scaletta, e la prima impressione è stata di caldo, più di 80 gradi Fahrenheit. Sole, poche nuvole.

L'arrivo è stato molto semplice. Dogana veloce, poi il pulmino dell'Alamo che ci porta alla macchina. Avevamo scelto una Dahiatsu Treos, una "4 x 4" perfetta per noi. Dessireè, la ragazza dell'Information Turistica, ci ha dato delle ottime mappe della zona di Manuel Antonio e di Santa Teresa / Arenal. Un metro e 60, bruna, occhi marrone scuro, pelle più chiara di una messicana o altra centroamericana ma sempre olivastra, molto pacata, gentile, quasi timida e riservata. Ci ha detto di stare attenti, se avevamo le ruote a terra (bucate), a non farci aiutare da nessuno. Ci ha dato anche una mappa per come arrivare a Manuel Antonio.

Io al volante, Paola al posto del navigatore, con dietro Andrea e Pietro, ora senza canottiera, nella macchina calda (ma con aria condizionata) e grande, dice Andrea. Siamo usciti dalla zona dell'aeroporto Juan Santamaria di Aluelia, e subito le strade sono solo a due corsie (una che va, una che viene), con pochissima segnaletica, niente guard-rails.

Il primo stop è per prendere 100.000 colones, facilmente da un bancomat, con la mia VISA. Seguendo le nostre mappe, e non l'inesistente segnaletica, siamo arrivati in un paesino, dove c'era da alimentarsi. Paola ha comprato una coca-cola, dell'acqua, wafers. Io sono andato con Andrea nella Paneteria di fronte, dove ho comprato per pochi colones (l'equivalente di 3-4 dollari) delle ciambelle di carne, papas e jambon + cheso, più "chile", e anche un'orecchia di elefante. Tutto più che commestibile, e finito entro mezz'ora, in macchina. Andrea si è preso anche un "helado", tipo cremino, solo un po' più grande, e si è sporcato chiaramente i pantaloni. Pure Pietro si è sporcato con un "helado" tipo cornetto.

Dopo circa 3 ore di viaggio, verso le 5, siamo arrivati a Tarcoles, dove c'è il ponte sotto il quale Dessireè ci aveva detto di vedere i coccodrilli. C'era parecchia gente affacciata al bordo di destra che guardava in giù. Appena sorpassato il ponte, abbiamo parcheggiato, chiuso la macchina. E siamo andati verso il centro del ponte. Faceva ancora caldo. Avvicinandoci, dopo circa 50 metri dalla macchina, abbiamo visto il primo coccodrillo.

Andrea, eccitatissimo, ha chiesto a Paola di ritornare a prendere la sua macchina fotografica. Ma Paola, che aveva la sua, ha detto di no. Una volta proprio sopra i coccodrilli e il fiume, abbiamo visto circa 13-15 coccodrilli, lunghi almeno 3-4 metri, grandissimi. Dopo circa 10 minuti di foto, affascinati da questo magnifico zoo naturale, siamo tornati alla macchina, a non più di circa 50 metri da noi. E siamo ripartiti.

Dopo pochi metri di strada, Paola ha detto "Dov'è la borsa blu?" Era dietro tra Andrea e Pietro. E non c'era più. Paola, preoccupata, ha detto di fermare la macchina. Eravamo non più di 500 metri dopo il ponte. Scende, e controlla i sedili posteriori. Niente borsa blu. Lo schienale di Pietro era un po' mosso, e Paola ha anche guardato dietro, nel portabagagli: non c'erano più 4 delle nostre 5 valigie!!! L'unica ancora al suo posto era la Samsonite nera, con i vestiti miei e di Paola. Tutte le altre valigie... scomparse!

Siamo subito tornati indietro al ponte, sul punto dove eravamo. Nessuna traccia delle valigie. Nessuna macchina o tipo sospetto. O forse tutti sospetti, ma quale il "ladron"? Ho chiesto ad un autista di un pulmino turistico, che ha subito chiamato la polizia. Ha detto che sarebbe arrivata entro 15 minuti. Lui si scusava tanto, forse vergognandosi della sua nazione. Abbiamo cercato in tutta l'area, ma niente.

Dopo una mezz'oretta, abbiamo visto passare una macchina rossa a tutta velocità, che si è fermata dall'altra parte del ponte. Pensavo fosse la polizia. Io ho iniziato ad andare verso di loro a piedi, poi ho pensato: "La cosa più preziosa che ho sono Paola Andrea e Pietro, non voglio lasciarli soli sulla scena del delitto". Sono subito tornato indietro, avevo fatto solo una ventina di metri a piedi.

In macchina, siamo andati dall'altra parte del ponte (il ponte sarà stato un 120 metri di lunghezza, più o meno come un campo da calcio). Il "tico" alla guida della macchina rossa dice che no, non è "Policia", ma un taxi. Si scusa molto ("Lo siento") a nome di tutti i "ticos", e si offre anche lui di chiamare la Policia. Gli do anche il nostro nome e il numero del cellulare che avevamo affittato dal rent-a-car. Dice che la polizia sarà qui subito, e di aspettare vicino al ristorante "Cocodrillos".

Intanto si sta facendo sera, visto che il tramonto in Costa Rica è sempre (tutto l'anno) verso le 6 (come l'alba è sempre circa verso le 5:45 – 6 am). Sapevamo che avevamo ancora circa 1 ora e mezza di viaggio per arrivare a Manuel Antonio, al nostro hotel "La Mariposa". Abbiamo quindi deciso di aspettare fino a circa verso le 6 e 5, e poi partire. La polizia non è arrivata, e noi, dispiaciuti ma almeno tutti ancora sani e salvi e in salute siamo ripartiti.

Il resto del viaggio l'abbiamo quindi fatto di notte, al buio. Era sabato sera, con quasi tutti i negozi chiusi. Sapevamo di aver prenotato un tour del parco "Manuel Antonio" il giorno dopo, alle 7 e 15 di mattina. Paola quindi era giustamente preoccupata: cosa si metteranno i bambini domani, col caldo che fa? Come faranno senza pigiami, scarpe, pantaloni, costumi, ecc.?

Dopo circa tre quarti d'ora, abbiamo visto un negozio aperto. Un piccolo spaccio pieno di "ticos", con noi soli stranieri, che si chiamava "Megasuper". Ma non era tanto Megasuper! Lì Paola ha comprato due costumi a pantaloncino da bagno, uno blu e uno rosso. Circa 5 dollari (2500 colones) l'uno. Poi abbiamo continuato per Esterillos, Panita, Pueblo Nuevo, paesini sulla carta, ma non segnalati per la strada, solo poche case qui e là. Siamo poi arrivati a Quepos, da dove, senza mai perderci, siamo arrivati a "La Mariposa", il nostro hotel.

Avevamo letto su più guide che questo è il più bel hotel della Costa Rica, con una vista fantastica. Intanto Paola si era ricordata che, nelle valigie rubate, c'erano anche tantissime altre cose: la macchina fotografica digitale di Andrea, il Game Boy, il DS di Pietro, 2 paia di binocoli, i compiti di Andrea, ecc. ecc. C'erano anche i fax di conferma degli hotel, con i numeri della mia Mastercard e della mia VISA.

È stato questo forse il momento di maggior frustrazione del viaggio. Stanco, un po' arrabbiato per la scomparsa dei bagagli, ho dovuto quindi chiamare con il cellulare (a $1.40 al minuto) le credit cards. Ci ho messo più di mezz'ora, ma mi è sembrata un'eternità: difficile trovare un posto nell'hotel dove c'era "campo", poi i soliti mille "operators" che ti passano dall'uno all'altro, facendoti aspettare in linea con le solite canzoncine cantilene ninna-nanna.

Addirittura quello della VISA, dopo averci parlato per un'infinità di tempo, avergli dato dati su dati, cognome di mia madre, data di nascita ecc., che cerca di vendermi un non-so-che di assicurazione! Ho detto di no, il più gentilmente possibile date le circostanze, quindi con un po' di cagnesco. Paola Andrea e Pietro aspettavano buoni buoni nel ristorante. Io speravo che avessero già iniziato a mangiare.

Ma loro mi avevano aspettato senza mangiare, malgrado fossero stanchi e fossero già circa le 9 e mezza. I ragazzi hanno mangiato una bistecca, io del "pescado", che poi diventerà la nostra "comida" tipica qui in Costa Rica. Poi a letto in camera numero 8. Andrea e Pietro nello stesso letto, felici e contenti. Per pigiama, si sono messi una t-shirt bianca mia (che gli faceva da camicia da notte) e dei miei boxer. Stavano benissimo e comodissimi, coperti e... con tanto spazio.

La mattina dopo, ci siamo svegliati da soli (Pietro per primo, come al solito) verso le 5 e mezza. Iniziava ad albeggiare. Ora sì che si vedeva il panorama. Tutto un lato dell'ampia suite era vetro, che dava su un grande balcone, con jacuzzi, amaca, e lettini. La vista è mozzafiato. È quella più bella dell'hotel, forse dell'intera Costa Rica: è uguale alla foto nella guida!

Si vede il parco Manuel Antonio, con la foresta tropicale, i banani, gli uccelli, i mille suoni della giungla. Davanti, il promontorio di Punta Catedral, con la Playa Escondilla, e le varie isolette davanti, alcune dei veri faraglioni, disabitate. Un paesaggio meraviglioso. E intanto il sole che esce da sopra le nuvole basse ad est, con le nuvole ad ovest che cambiano colore piano piano, dall'azzurrino chiaro al rosa pallido al bianco del sole.

Io Andrea e Pietro riempiamo la jacuzzi, e ci facciamo un bel bagno fuori sul balcone. Mamma intanto fa la mamma, quello per cui è impagabile e per cui non la ringrazio e ringrazieremo mai abbastanza. Mette a posto tutti i vestiti (quelli rimasti), organizza, prepara.

La colazione a "La Mariposa" (significa "la farfalla" in spagnolo) inizia alle 6 e 30, e siamo praticamente i primi! Anche dal ristorante la vista è meravigliosa. La colazione è a buffet: frutta (ananas – piña; cocomero – sandia; melon; banana – platano), huevo e omelet, cereals, salsicette, bacon, pane tostato con marmellata buonissima di guanavana, aranciata, succo di frutta tropicale misto, yogurt di fresa (fragola) e guanavana. Come in tutti i buffet "all-you-can-eat", mangiamo anche troppo.

Alle 7 e 20, arriva Leo, la nostra guida per il giro del parco. Saliamo sul pulmino, dove c'è un'altra coppia, lui tedesco lei coreana, con tre figli, 2 femmine di 9 e 5 anni, e un maschio di 3. Vivono a New York, sono simpatici e pacati. L'entrata del parco è vicinissima, a circa 10 minuti. È sul mare.

Anche alle 7 e mezza di mattina, fa caldo. La spiaggia è grande, tipica tropicale, con palme piene di noci di cocco, molti negozietti, tendine sulla spiaggia, con i colori sgargianti dei teli da mare arancioni gialli rossi verde chiaro che sventolano con gentilezza nell'appena percettibile "briza" mattutina.

Appena scesi dal pulmino, vicino a Punta Catedral, Leo subito ci spiega in 2 minuti cosa faremo, poi punta il suo grande "telescopio" su tre piedi verso l'alto. Invita prima i bambini a vedere. Noi adulti siamo un po' increduli, Leo non si è neanche guardato intorno, e verso l'alto c'è solo un cielo azzurrissimo spezzato dalle foglie di palma di cocco, alte almeno 30-40 metri. Cosa mai starà puntando il telescopio?

Ma i bambini già gridano di gioia: nell' "occhio" del telescopio ci sono parecchi pipistrelli – mucielagos. Sono a testa in giù appesi alle palme. Ce ne sono centinaia di specie diverse in Costa Rica, spiega Leo. Poi attraversiamo con una barchetta un piccolissimo pezzettino di mare vicino al "mangrove". Più tardi, al ritorno, Leo ci dirà che in quel pezzetto d'acqua spesso ci sono cocodrillos.

Poi entriamo nel parco. Ci danno i biglietti, e Leo dice che ad uno di quei biglietti, quello vincente, avrebbero dato un "mono", una scimmietta. Andrea dice: "Davvero??!!" Io gli dico che Leo sta scherzando! Seguiamo il sentiero nella giungla tropicale che costeggia il mare, la spiaggia. Vediamo una lucertola nera, orme di granchietti, alberi dal tronco bianco, una lucertola verde lunga circa 2 metri, un bradipo con tre unghie per piede appollaiato su un ramo, vari iguana, degli strani roditori, dei "Jesus Christ lizards" (lucertole di Gesù Cristo, così chiamate perché possono camminare sull'acqua), e tanti altri animali e piante che non avevo mai visto.

Siamo arrivati alla spiaggia più bella del parco, quella di Manuel Antonio. C'era ad aspettarci il nostro autista, Rodrigo, che ci aveva preparato una tavolata di frutta fresca – piña (ananas), melon (melone), platano (banana), e sandia (cocomero). Ma Leo dice che ci possiamo anche fare un bagno. Io non me lo faccio dire due volte. Via maglietta, scarpe (le uniche che ho, dei mocassini), e bermuda: rimango in mutande – boxers, e corro verso la spiaggia, lunga una ventina di metri, lì dopo la fila di palme.

Tocco l'acqua con i piedi: caldissima! Mi butto dentro, l'acqua è un brodo, e non sono neanche le nove di mattina. È pulitissima, limpida. Ecco arrivare Andrea e Pietro come due razzi. E avevano detto che non se lo volevano fare il bagno! Sguazzano nell'acqua cristallina. Abbiamo fatto il circo, cioè i tuffi da sopra le mie spalle, e un po' di nuoto. Sono bravissimi sia nei tuffi che a nuotare.

Poi siamo andati a mangiare la frutta con gli altri. Andrea si è mangiato mezza piña da solo. Rodrigo gli ha fatto un grillo con una foglia di palma. Leo ci ha fatto vedere dei tucani, e degli altri bradipi. Io ho detto che Leo aveva dei binocoli al posto degli occhi, perché riusciva a vedere cose su nella foresta che nessun altro riusciva a vedere. Prima ci aveva spiegato anche che il "manzanillo" è una piccola melina verde velenosissima.

Abbiamo continuato la nostra camminata per il sentiero chiamato "Perezoso", o anche sentiero "Bradipo". Ne abbiamo visti altri di bradipi, appollaiati immobili in alto sui rami, dello stesso colore marrone chiaro dei tronchi, spesso con dei piccoli in grembo. Abbiamo imparato che scendono dagli alberi una volta alla settimana, per defecare.

Il sole era sempre più alto e "feroce". Leo, dopo un po', ha giustamente deciso di tornare indietro, dopo aver visto bambù enormi, e granchi schiacciati sulla strada. Abbiamo visto anche dei "mono carablanca", o "white-faced monkeys" (scimmie cappuccine). C'erano alberi di palme con tronchi pieni di spine per impedire ad animali od umani di salire. Le scimmie ci arrivavano facilmente saltando da un albero vicino! C'era per terra anche un "monkey brush", cioè una specie di guscio ricoperto di spine morbidine (simile di aspetto al guscio di una castagna) con dentro le nocciole che si mangiano le scimmie.

Finito il sentiero, sulla spiaggia, il caldo delle 10 e mezza è intenso. Ci mettiamo sotto un palma, e compriamo dell'acqua, che beviamo subito. C'è lì il pulmino con Rodrigo ad aspettarci. Mamma "chioccia" Paola intanto è già in mezzo al mercatino, a cercare pantaloni e magliette per Andrea e Pietro, i suoi cuccioli.

Ha uno spirito materno enorme, nascosto sotto la sua grande efficienza e forza interiori. Io compro tre cappelli "Costa Rica Pura Vida", lei due magliette con le rane velenose della Costa Rica. Siamo tornati a La Mariposa, dove abbiamo pranzato.

Il pomeriggio siamo tornati in spiaggia, a Espadilla Sur. Lì abbiamo fatto il bagno nei cavalloni. Sì, perché mentre la vicinissima playa Manuel Antonio è calmissima perché esposta a sud, playa Escondilla Sur ha onde molto alte, perché esposta ad ovest e quindi alle maree dirette dell'oceano "pacifico", non sempre tale. Io mi sono buttato nelle onde alte anche 1-2 metri, che mi portavano per almeno 50 metri, sino in spiaggia, alla battigia! Andrea si è tagliato un pochino un piede e una gamba con i sassolini che stavano sopra la sabbia sulla secca dove si "spaccavano" le onde.

Andrea Pietro e io ci siamo fatti una passeggiatina, mentre mamma stava vicino alle borse con soldi e passaporti. Abbiamo visto delle bollicine sulla sabbia, durare per 1-2 minuti, ma mai scoperto quali animaletti c'erano sotto. Abbiamo anche visto dei ticos giocare a pallone sulla riva. Si facevano fallacci, spingendosi nell'acqua, e divertendosi un mondo, tutti sudatissimi e insabbiati.

Abbiamo anche fatto shopping nelle bancarelle vicino alla spiaggia. Abbiamo bevuto acqua di cocco direttamente da una noce di cocco (500 colones). Abbiamo comprato dei pifferi di 5-10 centimetri fatti di argilla e raffiguranti 3-5 animali, a seconda della prospettiva in cui venivano visti. Pietro stava sempre a suonarli. Abbiamo anche comprato dei pantaloncini, arancioni per Pietro e blu e arancioni per Andrea, che finivano frangiati come coperte! Sulla spiaggia abbiamo fatto anche una torre di pipas! (3 pipas – noci di cocco - ricoperte di sabbia).

Poi un episodio da cui trarre insegnamento. Io mi ero comprato un paio di sandali da mare da 9 dollari quel pomeriggio. Dopo circa un'ora, Andrea cercando di saltarmi addosso dalla gioia me li rompe. Lezione: meglio spendere qualche dollaro in più e comprare roba buona, invece che cercare di risparmiare e poi rimetterci. Paola compra anche dei costumi tipo slip per i ragazzi.

La sera siamo andati a mangiare vicino all'hotel, al ristorante Mar Luna. C'era una piccola band, fatta da un chitarrista/cantante e da uno che batteva su un tamburo e sul suo sedile di legno con le mani. Musica latino-americana (tipo Guantanamera). Il mio "cheviche" era pieno di una spezia locale dal sapore forte, che mettono un po' dappertutto. Andrea e Pietro hanno preso spaghetti al pomodoro. Stanchissimi, siamo andati in hotel, dove abbiamo rifatto il bagno nella jacuzzi del nostro balcone.

Dopo poco, Andrea e Pietro ne sono saltati fuori, visto che alcuni scarafaggi continavano a tuffarcisi dentro. Io mi ci sono crogiolato, buttando fuori con un piccolo asciugamano almeno tre scarafaggi, che ogni 5-10 minuti ci si tuffavano dentro e cercavano di pizzicarmi. Saremo andati a dormire verso le 9, neanche, come avremo fatto durante tutto il viaggio. Perfetto per me: presto a letto, sveglia spontanea all'alba di solito verso le 6, che meraviglia!

La mattina dopo, solita sveglia presto, lauta colazione prima delle 7, poi ci torna a prendere Leo per un giro nelle Mangrove Swamps (paludi di mangrovia). Con Rodrigo e il pulmino veniamo fermati sulla strada dopo Quepo per lavori in corso. Dobbiamo prendere un'altra strada, quasi tutta sterrata, in mezzo a colline e campagne costaricensi.

Passiamo sopra un vecchissimo, strettissimo (una corsia) ponte di ferro, in origine per il treno (ora non ci sono i treni in Costa Rica). È talmente malmesso che lo chiamano "Oh my God the bridge" (il ponte "Oh mio Dio"), o "Close your eyes and drive" bridge (ponte "Chiudi gli occhi e guida"). Leo ha detto che o muori quando caschi dal ponte che si rompe, o, se sopravvivi al volo, sotto ti mangiano i coccodrilli sulla riva e nel fiume. Allegria!

Egitto, Africa
(Dicembre 2007-Gennaio 2008)

Ignazio voleva andare in Patagonia. Ma come conciliare la visita ai nostri familiari partendo da Philadelphia fino in Italia, con una "puntatina" nel profondo sud dell'America Latina? Il compromesso è il ritrovo sicuro delle conversazioni civili di persone intelligenti. Dopo svariate settimane di telefonate transoceaniche Roma-Philadelphia, il compromesso si chiama Egitto. Uno dei posti più affascinanti del mondo, dimora dell'unica delle 7 meraviglie "originali" del mondo.

Questa la formazione delle vacanze:
Marino: Ignazio, Rossana, Stefania;
Rovaris: Corrado, Anna, Marta;
Berghella: Vincenzo, Paola, Andrea, Pietro.

I tre papà si stimano e apprezzano la compagnia reciproca; le tre mamme sono unite da fato e background simili; i 4 giovani sono di ottime speranze.

Rossana e Ignazio hanno prenotato il viaggio tramite un'agenzia italiana, in modo che tutti gli hotel, i pasti, le escursioni, le guide giornaliere e tanti altri dettagli fossero già tutti fissati.

27 dicembre 2007
Partenza da Roma verso le 9:30 di mattina, arrivo al Il Cairo all'1:45 di pomeriggio, volo Alitalia. Io e Paola, appena arrivati dagli Stati Uniti 5 giorni prima, avevamo passato il Natale in Italia con i parenti ma anche con la febbre. Alla partenza per il terzo continente in meno di una settimana eravamo ancora influenzati, ma felici e sorridenti.

Nel volo Roma-Cairo, Ignazio si vuole sedere vicino a me. Dice che ha bisogno di me, dobbiamo parlare. Un po' come me, è appassionato della vita, sempre in movimento, in attività.

Addirittura mette un piccolo registratore tra i nostri 2 sedili già strettini dell'aereo. Spinge il bottone, e poi per il resto del volo, da terra italiana a cielo Mediterraneo a terra egiziana parliamo ininterrottamente di aborto, utero in affitto, fertilizzazione in vitro, testamento biologico, e molte altre tematiche di bioetica che molto appassionano sia me che lui.

La nostra guida ci avrebbe detto che Egitto significa "terra rossa". Lo si vede dall'alto, quando estendendo lo sguardo dal finestrino dell'aereo fino oltre i confini della città de Il Cairo, si vede il deserto, così bruciato nei millenni dal sole che più che giallo appare rossastro. Meno del 10% di questa nazione desertica è coltivabile. Tutto dipende dal Nilo.

In effetti Egitto probabilmente viene dall'antico nome *Hwt-ka-Ptah*, cioè "casa dell'anima (*ka*) di Ptah", il nome del tempio del dio *Ptah* a Menfi. Prima di questo nome, queste terre si chiamavano Kemet, che significa "terra nera", cioè la terra fertile bagnata dal Nilo, mentre Deshret significa "terra rossa" quella arsa dal sole, da cui il nome universale in lingue latine e anglosassoni "deserto".

Arrivati all'aeroporto de Il Cairo, già prima della dogana, c'è un agente della nostra agenzia turistica che ci aspetta. Subito lo interrogo, sfrutto la sua conoscenza. E cerco di imparare un po' di egiziano (arabo). "Juahed", "itmin", "taleta", "arbaa", vogliono dire "uno", "due", "tre", "quattro". "Allan wassallan" "welcome" o anche "hello"; "Mahassalama" "good-bye"; "Salam alekum" "peace up in you" or "peace be with you" (la pace sia con te). Sapere un po' la lingua aiuta a comprendere meglio il posto, e soprattutto le persone.

Come già a Roma, anche all'aeroporto de Il Cairo una guida ci aiuta a trovare la coincidenza per il prossimo volo. Alle 5 di pomeriggio si prende il secondo aereo, Cairo-Luxor, con arrivo alle 18:05. Arrivo, ritiro dei bagagli, e trasferimento, sempre guidatissimi, sulla motonave che ci porterà per alcuni giorni in crociera lungo il Nilo. È questo fiume leggendario ancora la via più facile per muoversi in Egitto.

Il Nilo scorre per circa 6.650 km. Nel Sudan, a nord di Khartoum, fa 2 curve che gli danno l'aspetto di una 's'. Poi in Egitto scorre dritto, prima nel cosidetto "Alto Egitto" (a sud), e poi nel Basso Egitto (a nord). Anche la geografia è dipendente dal Nilo. Non vi confondete.

La nostra motonave si chiama "Nile Style". Scoprirò più in là che di questo tipo di barche ce ne sono circa 380, per lo più uguali, che fanno crociere sul Nilo. Qui conosciamo la nostra guida, Maghet, che ci accompagnerà fedelmente per tutto il viaggio.

Come in tante altre parti del mondo, mi sento un po' legato a questo popolo. Mia madre diceva che ero bello come Omar Sharif, forse il più famoso degli attori egiziani, una star hollivudiana degli anni 50-70. Mio padre chiamava Farouk, come l'ultimo dei re egiziani, mio nonno materno, che era bassetto, scurissimo e spesso d'estate vestito di bianco come Farouk.

Sistemazione nelle cabine prenotate, cena e pernottamento a bordo, sul Nilo!

28 dicembre
Prima colazione a bordo. Il programma di oggi è di visitare Luxor. Per comprendere bene questi luoghi bisogna ripercorrerne un po' la storia millenaria.

La storia dell'Egitto antico l'abbiamo studiata tutti molte volte, ma chi se la ricorda più? Essendo la progenitrice delle 2 culture che ci sono poi state da mamma e papà, ossia quella greca e quella romana, vale la pena ricordarci di questi "nonni" importanti. A studiarli a fondo ci si accorge di quanto abbiamo ereditato da loro, più di 5000 anni dopo. Viaggiando, e visitando questi luoghi con i propri occhi, le proprie orecchie, il proprio cervello, si può davvero finalmente comprenderne a fondo la storia e la geografia.

Gli storici fanno risalire l'inizio dell'antico Egitto a circa il 3300 avanti Cristo, quando la corona bianca del re dell'Alto Egitto venne unita a quella rossa del re del Basso Egitto, la prima unificazione dell'Egitto sotto un unico capo. Per oltre 170 re e faraoni, l'Egitto continuerà dal quel momento ad avere monarchi egiziani, fino a Cleopatra. Faraone significa "grande casa", dall'egiziano "perwer".

Menes, l'unificatore dell'Egitto, fondò Menfi, la capitale dell'Antico Egitto, situandola dove il Basso e l'Alto Egitto avevano avuto il confine, a 35km a sud dell'odierno Il Cairo. Erodoto descrive Menfi come una città bellissima, prospera, e cosmopolita. Purtroppo di Menfi non c'è rimasto quasi niente.

Nel Regno Antico, dal 2686 fino a circa il 2181 a.C., si susseguirono la III^a fino alla VI^a dinastia. Tombe a piramidi erano già state fatte in precedenza, ma fu Zoser (2667-2648 a.C.) che si costruì la tomba a piramide più antica che visitiamo nei nostri tempi moderni, la famosa piramide a gradinate di Saqqara.

Nella IV^a dinastia, Cheope, Chefren e Mykerinos elevarono le loro grandiose tombe a piramide vicino Giza, ad ovest del Cairo. Dopo Chefren, le piramidi continuarono ad essere costruite, ma molto più piccole. Ci fu guerra civile, e il potere eventualmente si mosse dal Basso all'Alto Egitto, a Tebe, la città che oggi viene chiamata Luxor. Lo spostamento della capitale a Tebe segna l'inizio del Regno Medio, che va più o meno dal 2100 al 1550 a.C.

L'era più famosa e "d'oro" per i faraoni egiziani è quella del Regno Nuovo, che va dal 1550 al 1069 a.C. I famosi faraoni Ramses, Akhenaten, e Tutankhamon sono di questo periodo. Ma i loro predecessori Tuthmose I e II furono quelli che, dal 1504 al 1425 a.C., conquistarono molte terre in Africa ed Asia e fecero dell'Egitto una grande potenza, che poi godette di circa 4 secoli di pace e prosperità. Amenhotep III (1390-1352 a.C.) costruì il tempio di Luxor. Amenhotep IV, detto Akhenaten, regnò dal 1352 al 1336 a.C. Spostò la capitale a Amarna e soprattutto promosse il culto del dio sole, Aten, a discapito degli altri dei egiziani tradizionali.

Il faraone più famoso ai nostri giorni è Tutankhamon, che regnò dal 1336 al 1327 a.C., da quando aveva 9 anni alla sua morte a 18 anni. Fu ai suoi tempi un faraone minore, che non fece niente d'importante. Ma fu fortunato per il fatto che la sua tomba non fu saccheggiata nei 3 millenni che seguirono, e fu ritrovata intatta nel 1922 da Howard Carter. Una storia come questa mi fa pensare a come sia effimera la fama, che spesso illumina chi non se lo merita, mentre i più meritevoli sono più discreti e scompaiono dai libri di scuola.

Alla morte precoce di Tutankhamon seguì un periodo di lotte di successione, fino a quando Ramses I, un comandante dell'esercito, fondò la XIX^a dinastia. Ramses II (1279-1213 a.C.) si ricorda anche come Ramses il grande. Questo "re dei re", come è stato definito, rappresenta il culmine della potenza dell'antico Egitto. Costruì in modo prolifico, ed ebbe più di 100 figli.

Dopo il 1069 a.C. finisce l'era d'oro dell'antico Egitto, che viene soggiogato da libici, sudanesi, persiani, e poi Tolomei. Alessandro Magno regnerà qui dal 332 al 323 a.C., fondando Alessandria. Il suo amico Tolomeo si prese l'Egitto alla sua morte. I templi di cui parlerò più in là, come quelli di Edfu, Kom Ombo e Philae, sono tolemaici, cioè risalenti dal 323 circa fino al 30 a.C. Figlia di Tolomeo XII, Cleopatra VII divenne faraone nel 51 a.C, insieme a suo fratello Tolomeo XIII. Fu questo Tolomeo che uccise Pompeo, il romano che aveva cercato rifugio in Egitto, e offrì la sua testa a Giulio Cesare. Ma Cleopatra seppe offrire di meglio a Cesare, ovvero se stessa, e gli dette anche un figlio, Cesarione.

Con l'assassinio di Cesare nel 44 a.C., Cleopatra divenne poi l'amante di Marco Antonio, con cui fece 2 figli, e si sposò. Ma la moglie romana di Marco Antonio aveva un fratello, Ottaviano, ancora legato alla memoria di Cesare. Ottaviano sconfisse Marco Antonio nella battaglia navale di Anzio del 32 a.C. Marco Antonio si suicidò. Cleopatra cercò allora di diventare l'amante di Ottaviano, ma non ci fu verso. Cleopatra si suicidò, e Cesarione venne fatto uccidere da Ottaviano, che diventò faraone d'Egitto. Da quando Cleopatra e l'Egitto vennero soggiogati da Roma Imperiale, al 1952, l'anno della rivoluzione guidata da Nasser, l'Egitto è rimasto sotto dominazione straniera. E quindi una sua storia nazionale non è quasi esistita.

Visita a Luxor

Il nome Luxor deriva da Al-Uqsor, nome poi "corrotto" dagli europei in Luxor. Al-Uqsor significa in arabo "i palazzi". I greci avevano chiamato in precedenza questa città Tebe. Il nome originario era Wasp.

Gli anni gloriosi di Tebe vanno dal 1550 al 1069 a.C., ossia fino al regno dell'ultimo dei Ramses, ovvero il Nuovo Regno. In quegli anni, aveva circa 1 milione di abitanti. Siamo qui nell'Alto Egitto, simboleggiato dal fiore di loto, e dalla corona bianca. La canna di papiro era il simbolo del Basso Egitto, con corona rossa.

I numerosissimi reperti archeologici si dividono in quelli sulla riva est del Nilo, e quelli sulla riva ovest. Sul lato est, dove sorge il sole, sorgevano i templi religiosi. Sulla riva ovest, dove tramonta il sole, sorgevano i "cimiteri", quindi i templi funerari. Anche al Cairo le piramidi, che sono in fondo le tombe dei faraoni, sono sulla riva ovest. Queste importanti distinzioni fatte dagli antichi e basate su simbolismi naturali sono per me sempre molto affascinanti.

- Riva occidentale:
  - **Medinat-Habu**

Medinat-Habu (Città di Habu) è il centro amministrativo e base della potenza di Ramses III, l'ultimo dei grandi faraoni d'Egitto – 1184-1153 a.C. Il complesso è dominato dal tempio funerario di Ramses III, e ben preservato. Prima dell'entrata principale c'è la Porta Siriana, costruita come piccola riproduzione della fortezza siriana che Ramses III aveva (si dice) conquistato. Seguiva poi il tempio funerario di Ramses III, che inizia con il grande Primo Pilone.

Su tutti questi antichi templi egiziani (e ne vedremo parecchi nei giorni a seguire), ci sono tantissimi simboli. Esistono più di 6.000 simboli diversi. I geroglifici si possono scrivere da destra a sinistra, sinistra a destra, alto in basso, basso in lato, non hanno vocali, e né spazi tra parole, né punteggiatura. Solo nel 1824 siamo riusciti finalmente a decifrarli, grazie alla stele di Rosetta, trovata da soldati di Napoleone nel 1799, e decifrata da Champollion nel 1824. Geroglifico significa "lettera sacra incisa".

- **Valle dei Re**

Nella Valle dei re, qui nell'antica Tebe, vennero seppelliti tutti gli antichi faraoni d'Egitto. Una sola porta immetteva al "cimitero" dei faraoni. Erano quindi qui più per essere protetti da saccheggiatori (che nella storia dell'umanità ci sono sempre stati), che per essere venerati.

Si può solo immaginare la storia di questi posti, e quelle che devono essere state le sensazioni dei primi uomini che hanno scoperto questi meravigliosi siti. Verso il 1875, reperti archeologici di grande valore incominciarono ad essere smerciati. Fino al 1881, il governo non riuscì a scoprirne la provenienza. Poi nella famiglia dei fratelli Rassoul nel villaggio di Gurna, un membro, arrabbiato di non aver ricevuto la parte delle reliquie che si credeva dovuta dagli altri famigliari, rivelò tutto alle autorità.

Vicino al tempio di Hatshepsut fu trovata una fessura che conduceva alle tombe e ai sarcofaghi dei più grandi faraoni del Nuovo Regno. Le mummie di 40 faraoni, regine e nobili vennero trovate lì in un colpo solo. Molte altre vennero scoperte, ma esperti egittologi credono che molti altri meravigliosi reperti siano ancora nascosti sotto le case degli abitanti di Gurna.

Ogni tomba aveva mobilio, papiri, amuleti, gioielli, oggetti religiosi, statuette di servitù che avrebbero dovuto aiutare il faraone nell'aldilà, statuette anche di divinità, e miniature del faraone. La stragrande maggioranza delle cose preziose contenute in queste tombe furono trafugate già a partire da 3000 anni fa, quando la potenza dei faraoni alla fine del Nuovo Regno diminuì e poi scomparve del tutto.

Ma la scoperta di Howard Carter della tomba di Tutankhamon nel 1922 testimonia che c'è probabilmente ancora qualcosa di molto importante nascosto tra queste sabbie del deserto. Il dottor Zahi Hawass, il segretario generale del consiglio supremo delle antichità d'Egitto e il più famoso egittologo della fine del XX e inizio del XXI secolo, stima che solo il 30% dei monumenti dell'antico Egitto siano tornati alla luce, e che il 70% siano ancora nel sottosuolo.

Ci sono 62 tombe scoperte nella valle dei re. Sono distribuite in un territorio desertico, oggi arso dal sole. Centinaia e centinaia di turisti, da tutto il mondo, girano ora tra le entrate alle tombe, porticine alla base di collinette alte 2-3 metri. Sono sudati, assetati, con il capo di solito coperto per ripararsi dal sole e con leggerissimi vestiti bagnati.

Visitiamo 3 tombe, un po' sotto consiglio di Maghet, un po' a caso, un po' a seconda della fila davanti. Sono la tomba di Ramses IV, quella di Ramses IX, e quella Ramses II.

Sono tutte un po' diverse, e un po' simili. Ci si accede sempre per un lungo corridoio, e terminano in un salone, più in basso e sotterrato, dove un tempo c'era la tomba. Di unico hanno il fatto che le decorazioni sono sempre diversissime, come le dimensioni.

- **Tempio di Hatshepsut** (Al-Deir Al-Bahari)

Questo tempio è una delle cose più belle del lato ovest (funerario) di Luxor. È indimenticabile perché siede davanti e ai piedi di una grande parete di roccia del deserto, che gli fa da background. È l'ambiente e il panorama che sono superbi.

Questo tempio era dedicato all'unica faraone donna dell'antico Egitto. È costituito da 3 diversi livelli di colonnati, sovrapposti in modo molto geometrico.

  o Riva orientale:
- **Tempio di Luxor**

Il tempio di Luxor fu costruito da Amenhotep III, che regnò dal 1390 al 1352 a.C. Gli anni del regno di questo re "sole" rappresentano alcuni degli anni d'oro dell'antico Egitto. È rimasto fino ai nostri giorni perché per secoli fu coperto da sabbia, e sulla sabbia ci costruirono un villaggio. È dal 1885 che piano piano si sta scavando nel deserto per restituire alla luce questo magnifico tempio. Uno degli obelischi trovati in questo tempio è ora al centro della piazza della Concorde, a Parigi. Giustamente Flaubert ha detto: "Ah, come gli deve mancare il Nilo." La via che conduce al tempio è adornata da numerose grandi statue di sfingi, una di fianco all'altra. Nel tempio, ci si perde tra le numerose colonne, enormi, alte 20 metri.

- **Tempio di Karnak**

È stato fatto e rifatto durante 1500 anni, ed è enorme, il più grande tempio religioso dell'antichità. Dentro il tempio di Karnak potrebbero starci una decina di "San Pietro" di Roma.

Karnak era, ai tempi gloriosi di Tebe capitale nel Nuovo Regno, il centro del centro, cioè la parte d'èlite della capitale Luxor. Infatti, solo reali e alti religiosi potevano entrarci. Karmak insomma era una vasta zona, tutta recinta con alte mura, dove c'erano vari templi religiosi, e anche un lago sacro per le celebrazioni. Il tempio principale era dedicato ad Amun. La Hypostyle Hall ha 134 colonne alte 24 metri, che misurano 10 metri di circonferenza.

- **Colossi di Memnon**

Come dice il nome, queste sono 2 statue giganti. Sono state scolpite ognuna da un enorme pezzo di pietra, e sono alte 18 metri. Sono uguali, "gemelle", anche se ora non lo sembrano tanto visto che il tempo le ha rovinate in modo diverso. Raffigurano il faraone Amenhotep III. Furono molte famose in antichità, anche perché all'alba il vento che sfiora la statua più a nord emette un suono misterioso. I greci credettero che le statue rappresentassero l'immortale Memnon, che ogni mattina salutava sua madre, il sole. Infatti i colossi sono rivolti verso est.

Le statue erano parte di un enorme tempio, più grande anche di quello di Karnak. Ma è difficile immaginare gli altri resti del tempio, in questa spianata dove ci sono pochi altri reperti, nel deserto rosso. È forse ancora peggio di come immaginare l'antica Roma solo girando a piedi nei Fori Imperiali di Roma.

Pranzo al sacco. Nel pomeriggio partenza in motonave verso Edfu. Cena e pernottamento a bordo.

29 dicembre
Ci svegliamo alle 5:45am, alzataccia, io talmente in coma che do assonnato un calcio al piede di ferro del letto, e mi faccio male, eventualmente formando anche un ematoma, al terzo dito del piede sinistro.

Dopo l'ampia colazione a buffet, piena di carboidrati coperti di zucchero (!), andiamo. Ma come? Appena scesi da "Nile Style", ci aspettano carretti tirati da cavalli. Ce ne saranno molte dozzine, forse un centinaio in tutto. Visto che parecchie barche "sbarcano" allo stesso momento, c'è "l'attacco alla diligenza", cioè tutti si sale più o meno contemporaneamente su questo mare di carretti, di base nera ma molto variopinti di rosso, giallo, blu.

Il nostro cocchiere, il solito 45-50enne egiziano scuro con turbante e tunica, è lo Schumacher di turno. Si lancia spesso al galoppo. Non so che fretta abbia, visto che è quasi impossibile superare quel mare di cocchi instabili e traballanti sulle strade disselciate.

  o **Edfu**

Il tempio di Horus a Edfu è il tempio egizio meglio conservato. Horus è il dio Falco. Questo è l'unico tempio religioso situato sulla riva occidentale. Di solito sulla riva occidentale – dove tramonta il sole – venivano costruiti i tempi funerari.

Iniziato da Tolomeo III nel 237 a.C., in arenaria, è stato quindi costruito millenni dopo le piramidi e gli altri templi egizi. Risente un po' di influenze greche. Per esempio, alcune figure di donne hanno il seno, che non era mai stato disegnato prima dagli egiziani. È il tempio meglio conservato anche perché è così "recente".

Fu, come moltissimi altri templi, per millenni sepolto sotto la sabbia. Auguste Mariette, il fondatore del museo egiziano del Cairo, iniziò a disseppellirlo nel 1860 circa. L'entrata è imponente con un immenso pilone con due torri a immagine a specchio, con magnifiche raffigurazioni di faraoni e antichi egizi sul frontale, costruito dal padre di Cleopatra, Tolomeo XII.

All'entrata c'è una statua indimenticabile, un falco alto 2 metri e mezzo, con cappello da faraone su lo sguardo fiero. Ignazio dice: "Guarda, una civetta". Come distruggere millenni di storia e di miti! Invece questa è la famosissima statua del dio Horus.

Horus era figlio di Isis e Osiride, il dio della fertilità ucciso dal fratello Seth. Horus si vendicherà della morte del padre uccidendo a sua volta suo zio Seth, rappresentato come un ippopotamo nei tanti rilievi che rappresentano queste lotte omicide.

Ritorniamo a bordo del Nile Style per il pranzo, e proseguiamo la nostra navigazione. Stamattina la gita sul Nilo è fantastica. Ci scorriamo sopra con il nostro Nile Style, la motonave, come fossimo sull'olio. L'escursione termica è tale che la mattina (sveglia alle 5:45) fa freddo da maglione e anche giaccone, mentre ora – sono circa le 11 – sono in costume da bagno steso su un lettino a prendere il sole.

Questa è la parte della gita che mi sta piacendo di più. Quasi non si sente il motore mentre scivoliamo sul Nilo. Essendo sul ponte superiore, un enorme "roof-deck", saremo a 15 metri sul Nilo, e godiamo del magnifico panorama delle due sponde. Il paesaggio è molto vario.

Prima di tutto ci sono centinaia e centinaia di isolotti in mezzo o ai fianchi del Nilo. Piatti tipo l'isola Piana di Stintino, in Sardegna. Questi isolotti, e anche le rive del Nilo, sono verdi di erba medica, di altre erbe, arbusti, palme. Si vedono sporadicamente alcuni egiziani, per lo più agricoltori, qualche pescatore. C'è chi ara con un aratro trainato da due buoi che neanche mio bisnonno credo usasse. Poi ci sono vacche al pascolo. Pezzi di terra coltivati.

Sul Nilo si vive. Gli egiziani lo usano anche per lavare di tutto, dai vestiti, ai piatti, a loro stessi. Ci portano gli animali ad abbeverare. Lo usano per irrigare, e ci sono parecchi canali e canaletti, molti costruiti anche 3 o 4 mila anni fa.

Il diametro della terra fertile attorno al Nilo è variabile, ma a volte anche di circa 10-20 km, soprattutto verso la foce. Gli egiziani vi coltivano anche 3 colture all'anno. In maggioranza cotone, mais, riso, grano. Ma ci sono anche frutta e verdura, come fagiolini, datteri, uva, fragole. Spesso la linea tra terreno fertile e deserto è ben visibile. Non c'è cambio graduale, ma si passa in un passo dalla vita alla morte.

Il sole d'Africa, di questo "Alto Egitto" tra Luxor e Assuan, è veramente caldo. Non mi meraviglio che il loro dio principale era "Ra", il re sole. Il sole è anche forse il geroglifico più comune, senz'altro il più importante sopra le teste di "Amon Ra". (Amon significa "nascosto".)

Sulla riva, a volte la vegetazione che vedo qui nell'Alto Egitto dura solo circa 10-20 metri, con dietro collinette avana chiaro. Ci sono abitazioni "moderne", ma fatiscenti, fatte con il fango – come dicono loro, mattoni crudi. A volte il verde si estende per quello che sembra chilometri di verde, scuro e più chiaro, sempre intenso.

Anche da lontano, vedo a volte il segno forse più rappresentativo dell'antica civiltà egizia. Il segno "Ankh", ☥, è dappertutto nei monumenti e negli scritti dell'antico Egitto. Ankh significa "vita". Il simbolo è anche conosciuto come "chiave della vita", o "chiave del Nilo", o "crux ansata". Questo geroglifico rappresentava la vita eterna, e gli dei dell'antico Egitto spesso portavano monili a forma di ankh, di solito d'oro, nelle mani, come gioielli, sul petto, ecc. Come si può intuire, e ci viene spiegato dalla guida, il simbolo più moderno per la donna ♀ deriva dal simbolo egizio di ankh. E in effetti la donna dà la vita, come sa bene un ostetrico come me.

La gente qui non gioca alla Play Station III o guarda la tv. La temperatura è perfetta. Non voglio immaginare come si stia a luglio, ma ora si sta benissimo, quasi zero umidità. Non voglio scendere più! Che pace.

Si vedono scivolare le feluche silenziose sul Nilo piatto. Hanno un'unica altissima vela, sempre bianca, spesso vecchia e bucata, una o più volte. Su una feluca ho visto una vecchia mucca e un asinello parzialmente spelato insieme ai due padroni.

Dal 1971, non ci sono più le spontanee e benefiche inondazioni del Nilo. La diga enorme di Assuan non le rende più possibili.

Ora vedo passare colline alte fino a 50 metri sul lato occidentale, a 20-200 metri massimo dalla riva. Sul lato orientale, c'è molto più verde, visto che le colline non si intravedono che a più di 5-10 chilometri da questa riva del fiume. Il sole picchia.

Il Nilo, sempre piatto, vedi che però nel suo silenzio scorre molto veloce. Abbiamo visto tantissimi pescatori, chi in barca a remi, chi in feluca, chi sulle rive, chi negli isolotti, chi con lenze, chi a trainar reti.

È una vita che molti di noi non immaginavano nemmeno più. Gli spazi sono immensi, anche se più lunghi (ma questo Nilo non finisce più?) che larghi. Aldilà delle colline bruciate dal sole, già spoglie di qualsiasi vita, solo deserto. La vita è solo il Nilo.

Il Nilo che innaffia le piante. Che dà da bere agli animali. Che spinge a nord le barche. Il cui vento da nord spinge a sud le feluche. Dove le donne egiziane, molto più lavoratrici degli uomini, lavano le pentole rumorosamente.

Ora siamo vicinissimi alla riva, che sembra quasi tropicale. Tante palme, anche di specie diverse. Vedi però che non c'è tanto sottobosco, solo l'erbetta verde chiara al sole, verde scura all'ombra. La terra è argillosa, fango, e poi subito arida dura povera se non bagnata dal Nilo. Dicono che qui piove ogni 3-4 anni.

La terra rossa, che dà il nome a questo stato (Egitto, come già detto, significa secondo alcuni terra rossa), copre oltre il 90% del territorio. Il deserto è rossastro. Presso le sponde del Nilo invece la terra era "nera" (Kemet), dal colore scuro del limo bagnato dal Nilo.

Gli antichi egizi aspettavano la piena del Nilo, causata dalle piogge che alzavano le acque del Nilo Blu e del Nilo Bianco, che convergono poco più a nord di Khartoum, nel Sudan.

Il ritmo del Nilo è l'arte del dolce far niente. La nave è lunga circa 100-120 metri, alta circa 15-18 metri, quindi più o meno come i colossi di Memno, 155cm di pescaggio. È interessante il fatto che il pian terreno è alto uguale in tutte queste navi sorelle del Nilo. Per cui quando ci si ormeggia, ci si mette di lato, una barca di fianco all'altra. E per scendere a terra, si passa spesso attraverso 4, 5 anche 8 o 9 altre barche prima di toccare la terraferma.

- **Kom Ombo**

È fantastico come lungo il Nilo, che percorriamo verso sud, si susseguano così tanti antichi templi egizi. Dalle 3 alle 4 di pomeriggio abbiamo visitato Kom Ombo, a sud di Luxor e di Edfu, e a 48 km a nord di Assuan (Aswan).

Il tempio di Kom Ombo sorge sul lato orientale del Nilo. È stato iniziato sotto Tolomeo VI, che ha regnato dal 180 al 145 a.C. Il tempio è unico perché è dedicato a 2 divinità: a Horus, testa di falco, dio buono a sinistra, e Sobek, dio coccodrillo e cattivo a destra.

Ci si arriva attraccando su dei bastioni sul Nilo. È completamente sdoppiato, con 2 facciate, due "soli alati", sulle 2 architravi, con 2 colonnati, 2 sancta sanctorum, ecc. E quindi rappresenta il bene e il male. Il bene non può esistere senza il male.

Per capire l'antico Egitto bisogna anche cercare di capirne la religione, fatta da molte divinità. Come per la storia, che vi ho raccontato sommariamente, anche per l'aspetto della religione devo farlo in modo un po' superficiale, ma ci vorrebbero volumi per spiegarne tutte le origini, leggende, e divinità. Il dio Ptah è ritenuto quello che ha pensato e creato il mondo. Da lui viene, secondo alcuni, il nome Egitto, terra di Ptah.

Altre credenze danno a Atum il titolo di creatore. Da lui vennero poi in generazioni successive Isis, Osiris, Seth, e Nephthys.

La religione adorava anche il re sole, detto "Ra" (che significa appunto "sole"), con la testa di falco e il disco del sole sulla testa. Amun era un dio locale, che per ragioni politiche divenne il più potente da adorare, soprattutto ai tempi di Tebe capitale. Uno degli dei più ritratti e adorati fu Amun-Ra. Il suo centro di culto fu Karnak. Quando il sole sorgeva a est, si chiamava anche Horus, quando tramontava a ovest Atum. Horus, anch'esso a forma di falco, era figlio di Iside e Osiride. Iside, la dea della magia, aveva rimesso insieme il corpo di suo fratello Osiride, precedentemente tagliato in molti pezzi, per concepire Horus. Osiride era inizialmente il dio della fertilità e la vita eterna, e poi il dio degli inferi e dei morti. Seth era l'assassino, e dio del caos.

Anche i nomi dei faraoni spesso vengono dagli dei. Amenhotep viene da "Amun è contento". Ramses da "nato da Ra".

Nel tardo pomeriggio rientro a bordo per la cena, e pernottamento.

30 dicembre
Sveglia alle 6:30. La vista dal finestrone della camera è immensa sul Nilo, e poi su una collina dove ci sono tombe antiche. Stamattina mi sono anche fatto un'omelette a colazione. Ci spostiamo in pulmino verso la grande diga di Assuan.

Qui siamo al sud dell'Egitto (Alto Egitto), e la temperatura oscilla tra i 38 e 45 gradi Celsius. Viene una voglia matta di farsi il bagno nel Nilo, ma è meglio di no. L'acqua sembra a volte abbastanza pulita, e si vedono pesci in ottima salute nuotare nelle acque vicino la riva. Ma un tuffo potrebbe causare la Schistosomiasi (Bilharziosi), una malattia infettiva che si contrae attraverso l'epidermide, nell'acqua contaminata da feci e urine umane, tramite dei piccoli vermi parassiti che poi arrivano nel nostro sangue.
- o **Assuan**
  - **Diga vecchia**

La diga vecchia di Assuan è stata fatta agli inizi del 1900 (1898-1902). È lunga 2.441 metri, ed è fatta solo di granito di Assuan. È stata costruita sopra la prima cataratta sul Nilo. Sul Nilo ci sono 6 cataratte (rapide), e la prima che si incontra venendo dal delta è proprio ad Assuan. Le altre 5 sono più a sud verso la sorgente, e sono tutte in Sudan.

Per questo Assuan era la città della frontiera a sud dell'Egitto. La porta dell'Africa. Il Nilo era navigabile da nord, dal delta, anche con navi enormi. Ma qui bisognava lasciare le navi, perché queste rapide e i massi nel Nilo impedivano la navigazione più a sud. Ci volevano dalle 6 alle 12 settimane in tempi antichi, prima delle barche a vapore, per andare dal Cairo ad Assuan, un viaggio di 850 km.

Per questo la zona era nota come "Souan", cioè "commercio" in copto. Qui arrivavano dal sud mandrie di elefanti che portavano oro, profumi, pelle di leoni, leopardi. Era anche un porto militare dove tenere le truppe per attaccare il sud. Oggi Assuan ha circa 150.000 abitanti.

La diga vecchia era la più grande costruzione nel suo genere al tempo. Quali i vantaggi di una diga sul Nilo?
1. reperimento di terre più vaste da dedicare alla coltivazione
2. energia elettrica
3. pesce.

Lo svantaggio è che non ci sono più inondazioni spontanee del Nilo. A causa delle piogge sull'altopiano dell'Etiopia, il livello del Nilo cominciava ad alzarsi all'inizio di maggio, e per settembre, ogni anno, tutta la valle del Nilo veniva inondata. Poche settimane dopo, con il ritrarsi delle acque, rimaneva una fanghiglia nera fertilissima, dove gli agricoltori piantavano le loro sementi. Erodoto diceva che queste erano le persone al mondo per cui l'agricoltura era più facile.

- **Grande diga**

La diga nuova, o grande diga, è stata costruita dal 1961 al 1971 con aiuti sovietici. È stata fatta 5-6 chilometri più a monte (verso la sorgente) della diga vecchia. Contiene 18 volte più materiale di quello servito per la piramide di Cheope. La base della grande diga è di 980 metri, o quasi un chilometro. È lunga 3,6 km. L'altezza massima è di 111 metri. Per la sua costruzione sono stati impiegati più di 35.000 lavoratori, di cui 451 sono morti sul lavoro.

Per trovare i soldi per costruire la diga, Nasser nazionalizzò il Canale di Suez. Questo causò la famosa crisi di Suez, per cui la Francia e il Regno Unito con Israele invasero la regione di Suez. Intervenne anche l'ONU. A quel punto i soldi per la diga vennero dati dall'URSS, che cercava di portare al comunismo e alla sua sfera d'influenza non solo l'Egitto ma anche l'intero mondo arabo. C'è un monumento da un lato della diga che doveva raffigurare il loto egiziano e la ruota simbolo delle fabbriche russe, a simboleggiare la collaborazione tra le 2 nazioni. La nostra guida, chiaramente anti URSS, dice che invece i petali del loto non sono nient'altro che le lame dei kalashnikov sovietici piantate nel deserto egiziano.

Il lago Nasser, formato dalla diga nuova, è il più grande bacino artificiale del mondo, lungo 500 km. Quando entrò in funzione la Grande diga, si inondarono molte regioni lungo il Nilo. Tanti villaggi, e anche molti templi antichi, andarono sommersi. Almeno 10 templi vennero rimossi prima della messa in funzione della diga, e ricostruiti su siti più in alto, all'asciutto. La vista da sopra la diga, soprattutto verso il lago Nasser, è immensa, molto suggestiva. Dall'altro lato si vedono i massi in mezzo al Nilo che per tutta la storia dell'uomo hanno impedito la navigazione attraverso Assuan. Il cielo è blu intenso, senza nuvole, soffice ma brillante, e riempie gli occhi.

Il caldo asciutto di Assuan l'ha resa sempre meta di turismo. Le Corniche è la sponda del Nilo occidentale ad Assuan, ed ha un lunghissimo marciapiede che si rifà alla Riviera francese. Più tardi riprendiamo la nostra gita per templi.

- o **Tempio di Philae**

Il tempio di Philae è dedicato alla dea Iside, dea dell'amore, della bellezza, della magia. Le 3 cose in effetti hanno dei legami, non c'è che dire. Anche questo fu costruito da Tolomeo XII. Forse la cosa più interessante di questo tempio è che siccome dopo la costruzione della diga vecchia veniva inondato dal Nilo per 6 mesi all'anno, venne rimosso, tagliandolo a fette, trasportato masso per masso, e poi ricostruito 50 metri più in là sulla sommità dell'isola di Aglika negli anni '60.

Il culto di Iside era molto sentito, e difatti questo tempio è restato luogo di culto "pagano" fino al 550 d.C. Il tempio ha 2 piloni ben preservati. La leggenda vuole che Osiride sposò la sorella Iside. Il loro fratello Seth complottava contro di loro. Con uno stratagemma, Seth intrappolò Osiride in una cesta, e lo mise sul Nilo. Questo cesto finì addirittura in Libano. Iside lo ritrovò. Ma Seth tagliò allora il corpo di Osiride in 14 parti, e lo sparse in varie parti del Nilo. Iside ritrovoò e ricompose le parti di Osiride, fece l'amore con questa mummia e ne uscì un figlio, Horus, che poi sconfisse e uccise Seth.

Si arriva al tempio con barchette a motore. A noi vendono 2 cappelli nubiani, uno per me e uno per Pietro. Ci sono infatti alcuni membri di questo antico popolo dell'Alto Sudan (o basso Egitto) che gestiscono molte delle attrazioni di questa zona. Il tempio è molto bello, ma la sua leggenda e la sua nuova posizione, con bellissime viste da sopra l'isoletta, lo rende ancora più affascinante. E si dice che la figura della Vergine Maria sia un po' un tentativo della chiesa di convertire i fedeli di Iside alla religione cristiana. Quante storie interessanti.

Alle 2:30 di pomeriggio, si parte per la gita in feluca. Ce ne sono decine attaccate proprio vicino alla nostra Nile Style. Fanno a gara per attirare l'attenzione della nostra guida, Maghet. Saliamo su una feluca vicino alla banchina, e dobbiamo farci strada tra le altre per uscire dal "traffico". È incredibile che una volta usciti in Nilo aperto ti volti e non vedi il canale attraverso il quale ti sei incuneato tra le altre feluche.

Non avevo mai sentito il vento in Egitto finora. Anche ora in effetti, sul Nilo, non si sente che una leggerissima brezza se ci si alza in piedi. Per questo ci vogliono queste vele alte almeno 10 metri, tenute da assi di legno, a spingere queste feluche lunghe 10-12 metri, molto piatte e molto stabili, che scivolano silenziose sul Nilo pacifico. Penso non ci sia niente di più rilassante che andare su una feluca sul Nilo.

Il vento percepisci che ci deve essere, perché spinge la feluca, ma veramente non lo senti. Sembra quindi che sia il paesaggio a muoversi intorno a te, perché non avverti la sensazione di muoverti. Tutto è placido, piatto, piacevole. Tutto questo mi ricorda che gli antichi egiziani erano per il puro, il pulito, il profumato.

Passiamo vicino all'isola degli elefanti, e tra le rocce della prima cataratta. Ci sono anche gorghi e piccole rapide che si formano dove i massi sono più affioranti. Ti sorprende che in tutti questi millenni il Nilo non sia riuscito a limare queste rocce. Devono essere durissime.

Sono anche sorpreso che in tutti questi millenni gli egiziani non abbiano dragato questa prima cataratta. Forse gli faceva comodo avere dei momenti di pausa sul Nilo, lungo più di 6.600 km!!

Sulla feluca passiamo quasi un'ora, a chiacchierare ed ad ammirare il paesaggio. Maghet, copto anche lui, ci racconta la storia dei copti. La cristianizzazione dell'Egitto avvenne durante la dominazione romana. San Marco l'evangelista arrivò in Egitto circa nel 39 dopo Cristo. I copti, incluso Maghet, seguaci di San Marco, si credono, probabilmente a ragione, più originali, più antichi dei seguaci di San Pietro. Il nome Copto era usato dai Greci per designare gli egiziani. Con l'avvento dell'Islam in queste terre, circa nel 641 d.C, il termine copto è rimasto a designare solo i cristiani d'Egitto.

I copti si sono "divisi" dai cattolici intorno al 500 d.C, sotto Giustiniano, perché i copti credono che Gesù e Cristo siano una sola cosa, mentre i cattolici no. Rappresentano il 15-17% della popolazione dell'Egitto secondo Maghet, ma il 10% secondo altre fonti. Maghet si è sposato con una copta di Assuan nella grande chiesa copta ortodossa di Assuan.

Visto che la feluca procede lentamente, a causa della quasi assenza di vento, ci spostiamo su un'altra barca, da una ventina di posti, quindi comoda per noi che siamo 10. Con un motore da 40 cavalli, ora andiamo molto più speditamente verso il villaggio nubiano.

○ **Villaggio nubiano**

Arrivati all'attracco, saliamo scale ripide scolpite sulla riva del Nilo che porta al villaggio nubiano. I nubiani sono gli abitanti originali di questa zona, il sud dell'Egitto. Sono scuri di pelle, e la loro zona va dal nord del Sudan al sud dell'Egitto. Come gli indiani d'America, sono stati per la maggior parte eliminati, per vari motivi, forse il più importante quello economico.

Ce ne rimangono solo circa 7.000, molto orgogliosi di essere nubiani. Prima si sposavano tra cugini, ma hanno avuto come conseguenza progenie con gravi problemi genetici. Per un periodo c'erano moltissimi nubiani sordomuti. Ora continuano a sposarsi solo tra di loro, ma non più tra parenti di primo o secondo grado, se possibile. Sono più scuri degli egiziani che risiedono più a nord, e un po' più alti.

Vivono in case da 20-25 persone, in famiglie allargate. Le pareti delle case sembrano solide, di mattoni crudi ma stuccati e colorati. All'interno c'è un grande cortile comune, senza tetto, dove si svolge la vita associativa. Prima nel cortile ci tenevano anche gli animali. Oggi, in vasche, ci sono come animali solo coccodrilli del Nilo, attrazione per noi turisti, e per i loro figlioletti.

Un coccodrillo me lo mettono in mano, sarà poco meno di un metro di lunghezza, lo tengo sorridente per il collo e per il corpo, senza difficoltà.

Per terra c'è un po' di sabbia ghiaiosa, rosso chiaro/arancione. A me piace molto. La cucina e il bagno sono verso sud, così, col venticello che gira sempre da nord, le "puzze" vanno fuori casa, non dentro.

Ci offrono il solito, buonissimo tè alla menta, e anche la loro bibita rossa all'ibisco. I ritmi qui sono lenti. È un popolo educato, onesto. Maghet ne tesse le lodi. Dice che sono anche puliti, e buoni. A me sembrano tutti scuri di pelle, ma Maghet dice che ce ne sono anche alcuni chiari di occhi, capelli e carnagione, discendenti da dei soldati bosniaci di Giustiniano.

In questo piccolo villaggio una ragazza nubiana mi fa il tatuaggio dell'ankh ☥ (simbolo di vita) sulla faccia palmare del polso destro, con l'henna. L'henna è una polvere colorante che fin dall'antichità veniva derivata da una pianta, la Lawsonia inermis, o albero mignonette, che cresce lungo il Nilo. La ragazza, carina, mi fa il tatuaggio in circa 10-15 secondi, durerà circa 10-14 giorni. Andrea e Pietro si fanno tatuare con l'henna il simbolo egizio con l'occhio. L'occhio di Horus simboleggia protezione, potenza e buona salute.

Poi facciamo il giro della casa. Dal terrazzo del secondo e ultimo piano c'è una bella vista sul piccolo villaggio. Ci appare semplice, con le strade di sabbia. Le case si vendono solo ai nubiani. Le stanze spesso non hanno finestre.

o **Gita in cammello**

Maghet ci aveva proposto un'altra gita facoltativa, il ritorno in cammello. Chiaramente, come tutte le altre proposte, avevamo accettato. Così c'erano ad aspettarci all'uscita della casa nubiana 7 cammelli. Pietro aveva già deciso che non sarebbe andato da solo. Alla vista dei cammelli, già grossi anche se completamente accovacciati al suolo con la pancia per terra, anche Andrea vuole andare con un genitore, con me.

I cammelli hanno una sella, fatta di tessuti dai colori vivaci. Sopra al cammello, ci si può reggere aggrappandosi ad un pezzo di legno davanti o dietro la sella. Anche la criniera e il collo del cammello sono coperti con cotoni brillanti, rossi verdi gialli.

Andrea si siede davanti, io attaccato a lui di dietro sulla sella sul cammello accovacciato. Al cenno del nubiano, un teenager, il cammello si alza, prima sulle zampe di dietro, poi quelle davanti. E siamo quindi a circa 2 metri dal terreno. Guidati dal nubiano, il nostro cammello procede sulla sabbia rossa del deserto, che qui è quasi sulla riva occidentale del Nilo, ma circa 20 metri in alto rispetto all'acqua.

Andrea dopo i primi passi si adegua e non ha più paura. Ci godiamo il paesaggio, di tardo pomeriggio, che volge al tramonto.

Il sole non si vede più, è dall'altro lato, alla nostra sinistra, dietro questa collina di sabbia alta 100 metri. E penso che questo sia come un "antipasto" del deserto. Dall'altro lato della collina, verso ovest, immagino sconfinate dune di un asciutto mortale, bruciato dal sole. Tra poco arriverà il freddo della notte, piena di stelle.

31 dicembre
Alzataccia alle 5:15, ultima colazione sul Nile Style, che abbandoniamo con un po' di tristezza ai primi bagliori neanche tanto caldi del sole mattutino. Aereo da Assuan alle 9:45, viaggio per Il Cairo. Il volo dura un'oretta o poco più, e mi sembra velocissimo, visto che parlo incessantemente con Ignazio, sotto microfono, di bioetica. Voglio proprio scrivere questo manuale di bioetica.

Parlare con lui mi piace moltissimo. Ha il mio stesso interesse alle cose, è concentrato, cerca sempre il nocciolo della questione. Conosco poche persone così. È profondo, impegnato, serio. Crede nella discussione, nello scambio di idee. Discutiamo anche di quali sono le cose importanti per una vita giusta.

Primo, ci devono essere conseguenze serie per comportamenti non tollerabili. Dalla prigione per chi non paga le tasse, alla bocciatura per chi non studia. Per noi, come insegnamento e come principio, è più importante bocciare il giovane, e fargli capire subito che si deve essere personalmente responsabili delle proprie azioni nella vita, che mettere in prigione il ladro incallito adulto (anche se bisogna fare anche questo).

Secondo, i valori della vita si imparano prima dei 15 anni, a casa e, in modo scientifico e rigoroso, a scuola, soprattutto con il buon esempio.

Terzo, una società giusta deve essere basata sulla meritocrazia. Va avanti chi se lo merita. I concorsi devono essere seri. Se un concorso è truccato, va dentro in gattabuia sia chi ha fregato, sia chi ha fatto fregare. A scuola chi copia riceve "1". Chi fa il compito male, ma da solo, da "4" in su. Non bocciare un ragazzo/a che è riuscito a copiare la maggior parte dei compiti per la maggior parte dell'anno insegna a questo giovane individuo che il sacrificio non paga, non è necessario. E quindi che fregare è da furbi, conviene.

Io ho imparato dalla vita, almeno in America, che più mi impegno, più "vinco". Più vengo apprezzato, più porte mi si aprono. È un grandissimo onore venir notati, e non farsi notare. Forse uno dei momenti di maggior soddisfazione è stato quando la professoressa Mary D'Alton, Chairman di Ostetricia e Ginecologia alla Columbia University di New York, mi ha chiamato per offrirmi di diventare Director della Divisione di Medicina Materno-Fetale nella sua prestigiosa università. Mi ha sorpreso, e più in là le ho chiesto come mai avesse chiamato proprio me.

Mi disse che aveva chiesto a Mike Mennuti, Chairman alla University of Pennsylvania, ed era stato lui a propormi. Il Presidente dell'American College di Ostetricia e Ginecologia! Be', io Mike Mennuti lo conosco e conoscevo appena, non ci avevo mai lavorato in modo diretto.

Sono queste grandi soddisfazioni. Lavorar sodo, senza pensare troppo a far carriera ma invece soprattutto concentrandosi a far le cose bene. È gratificante avere la fama da "bravo" in un lavoro così importante per la vita degli altri.

Quali sono i miei obiettivi ('goals' in inglese) da raggiungere nella mia professione?

o Goal clinico:
Salvare o migliorare la salute e vita dei miei pazienti. Questo comporta un continuo studio e aggiornamento su diagnosi e terapia.

o Goal di ricerca:
Approfondendo l'esperienza clinica, studiare nuovi interventi, preferibilmente preventivi, per ridurre l'incidenza della malattia e il suo impatto sulla salute.

o Goal educativo:
Una volta accumulato un certo bagaglio di nozioni scientifiche, invogliare altri all'approfondimento delle stesse nozioni, e

soprattutto stimolarli al "self-study", all'approfondimento volontario.

Ci sono principi etici e di vita che vengono ripetuti in tante culture, in tante religioni. Sono leggi di vita, che nei millenni si sono tramandate perché valide. Mi ha colpito per esempio il fatto che gli egiziani avessero delle credenze religiose del tutto simili ai nostri comandamenti cristiani ed ebrei:

- Non rubare
- Non desiderare la donna altrui
- Non dire il falso
- Non uccidere
- Rispetta il padre e la madre
- Ama il prossimo tuo come te stesso

E molte altre. Vennero scolpite o disegnate più di 3000, a volte 4000 anni fa nei templi egizi che avevamo visitato lungo il Nilo. Sono massime di vita che devono servire da base per la nostra quotidianità, devono essere rispettate da tutti, e fatte rispettare. E far rispettare non vuol dire sempre pena corporale, o pecuniaria. Ma, per esempio, chi non rispetta il padre e la madre deve sentirsi un paria, criticato dagli altri.

Per convincere una persona, bisogna essere in tanti a dargli la stessa opinione. Spesso per convincere mia madre devo parlare prima a mio padre e mia sorella, e poi magari tramite il loro intervento riesco a far cambiare opinione a mia madre, che non si sarebbe fatta convincere solo da me.

Altri di questi pensieri Ignazio li ha raccolti da pagina 138 a pagina 145 del suo libro *Nelle tue mani*. Anche questo è il bello dei viaggi, passare meravigliosi momenti vicino a persone care.

- **Hotel El Jazira**

Con un pulmino solo per noi 9, la guida e l'autista, ci portano dall'aeroporto in hotel. Il traffico de Il Cairo è impressionante. Le macchine sono vecchie Fiat 131 sgangherate, Peugeot di 20-30 anni fa, tutte rattoppate. Lo smog è peggio di quello di Napoli, non ci sono filtri, e respiri petrolio. Tutto è coperto di polvere, di grigio, di nero. Un misto di smog, derivati del petrolio, sabbia del deserto.

Anche solo dall'autostrada, si intravedono parti di Il Cairo poverissime. La guida ci spiega che ci sono quartieri della città costruiti senza nessuna supervisione municipale, e quindi senza nessun senso civico. Per cui qui non ci sono vere strade, e le case sono venute su alla rinfusa, spesso con materiale scadentissimo, le une vicine alle altre, senza essere registrare e sconosciute al catasto. Né le macchine della polizia, né quelle della nettezza urbana, né tantomeno ambulanze o vigili del fuoco possono avervi accesso, visto che spesso c'e solo un metro di distanza tra un fatiscente edificio e un altro.

La gente in macchina sull'autostrada, passando sul ponte che attraversa parte di questo quartiere, butta dal finestrino la spazzatura. Come dire che questo quartiere è buono solo per la monnezza, accumulata dappertutto. Sono cose che si possono credere solo vedendole, descriverne non solo lo sfacelo fisico ma soprattutto il senso psicologico di tristezza è davvero difficile.

Molti egiziani hanno 2, 3 lavori. I ragazzi che si sposano restano a vivere con la famiglia di uno dei coniugi, tradizionalmente il marito. Di solito ci sono anche i nonni. Le scuole spesso fanno 2, anche 3 turni. Non c'è l'opportunità di sentirsi soli, di avere spazi privati.

Il 58% della popolazione dell'Egitto ha meno di 25 anni. In meno del 10% della superficie dell'Egitto, lungo il Nilo, vive oltre il 90% della popolazione. Oltre il 25% degli oltre 80 milioni di egiziani vive al Il Cairo.

Il 90% degli egiziani è mussulmano, ma sono la minoranza, anche se ancora tantissimi, quelli che pregano almeno 5 volte al giorno, come si dovrebbe. Ci sono anche più di 5 milioni di copti, come Maghet.

L'esercito islamico invase l'Egitto nel 641 d.C, e stabilì le sue basi, invece che nella capitale di allora, che era Alessandria, un po' a nord della vecchia capitale originale dei faraoni, Menfi. Nel

969 d.C. fondarono al-Qahira, ovvero in arabo "la vincitrice", che gli europei poi mutarono in Il Cairo.

Ci portano all'albergo più bello de Il Cairo, il Sofitel, il 5 stelle al centro dell'isoletta (Gezira, o El Jazira) al centro del Nilo al centro de Il Cairo. Il suo alto profilo di grattacielo a forma di cilindro si vede da lontano, dai finestrini del pulmino, e anche dall'aereo. Gezira è restata inabitata fino a circa 200 anni fa, quando è divenuta il giardino dei re. Rimane ancora oggi la parte più verde e alberata della città.

Avvicinandoci, lasciamo le strade stracolme di egiziani scuri e accalcati e spesso con la barba non fatta che attraversano la strada come fosse solo la loro, e lasciamo il traffico asfissiante. Il Cairo è una delle città con maggior densità di popolazione al mondo, oltre 20 milioni di persone, con oltre 700.000 per miglio quadrato. Piano piano, soprattutto nell'isola, ci troviamo in una radura di verde (nel deserto), con poca gente selezionata, il classico angolo di paradiso per ricchi, per lo più stranieri.

El Jazira è l'equivalente dell'isola tiberina a Roma, o l'Ile de la Citè a Parigi. Il Sofitel è bellissimo anche dentro, moderno, un vero 5 stelle con internet gratis, spa, piscina, viste spettacolari sul Nilo, camere ampie, splendidi bagni con accappatoi bianchi, televisione al plasma, ecc.

Facciamo pranzo al ristorante, con degli enormi pani di pita di 40 centimetri di diametro, appena usciti dal forno a legna esterno gestito da una cuoca egiziana. Poi come antipasto mangiamo anche babaganoush, e hummus con varie altre meravigliose salsette (una anche con lo yogurt).

Poi kebab, cioè carne di bue allo spiedo, buonissima. Corrado e Anna prendono un arrosto misto. C'è chi prende anche le salsicce, e mi chiedo se siano di maiale, probabilmente no. L'agnello e il pollo sono ottimi, serviti senza salse.

Dall'una alle 2:45 dormitina, a letto con Andrea. Poi il famosissimo museo egizio.

o **Museo egizio**

È un museo fondato agli inizi del 1900 (1902) per mettere sotto un solo tetto più di 20.000 reperti archeologici dell'antico Egitto. Sembra che i lavori di allestimento non siano mai stati finiti, e tutto ha l'aria di essersi fermato al 1920 o giù di lì. Poca luce, sarcofaghi e statuette dappertutto, poca segnaletica e spiegazioni scritte con la macchina da scrivere del mio bisnonno. Il museo è caotico, zeppo di tesori archeologici gettati qua e là, un po' alla rinfusa.

Maghet ci racconta a raffica mille storie. La statua di Zoser (quello della prima piramide, quella a gradoni) è il pezzo più antico del museo, risalente a circa il 2700 a.C. È stata trovata vicino alla sua piramide tombale. Ecco la statua di Cheope, con il falco di Horus nascosto dietro la testa.

La coppia reale Rahotep e Nofret visse 4.600 anni fa, ma la statua è ben conservata, e loro vivono ancora grazie a questo museo e alle nostre memorie. Ogni sarcofago aveva dentro statuette di piccoli personaggi, che erano servi che avrebbero dovuto aiutare il faraone o leader religioso nelle faccende quotidiane nell'aldilà. Poi le statue di Akhenaten, il faraone che credeva solo nel dio sole (Aten), e di sua moglie, bellissima, Nefertiti.

Ma stiamo tutti cercando il vero tesoro di questo museo, cioè la tomba di Tutankhamon. Dentro un padiglione apposito, ecco il sarcofago e la famosissima maschera funeraria d'oro di Tutankhamon. Restiamo per molto tempo a guardarli, da vari angoli. Sono estasiato. Capisco come mai tutte le altre innumerevoli simili reliquie di altri faraoni siano state trafugate nei millenni. E quale grande soddisfazione sia stata trovare questi reperti così ancora ben conservati. Sembrano nuovi, fatti ieri.

Quando viaggi, certe routines dettate dal conformismo, come la celebrazione del cenone di fine anno, ti appaiono come cose di poca importanza. Avevamo la cena prenotata al Sofitel. Uno dei fine anno peggiori della mia vita. Seduti verso le 9, alle 11 passate ancora non avevano servito niente. Ce ne siamo andati!!

L'importante era stare insieme, anche se mangiando solo stuzzichini e panini.

1 gennaio
A colazione mangio macedonia di frutta, buonissima. Siamo in un hotel a 5 stelle, ed ho ormai dimenticato qualunque attenzione a non mangiare roba non cotta qui al Sofitel. Tutto è elegante, sembra pulitissimo, di prima scelta.
  o **Piramidi di Giza**
Visitare le piramidi di Giza è capire veramente cosa sono le meraviglie del mondo. Queste sono l'unica delle 7 antiche meraviglie del mondo ad essere sopravissuta. Le altre 6 sono i giardini pensili di Babilonia, il tempio di Artemide ad Efeso, la statua di Zeus ad Olimpia, il mausoleo di Alicarnasso, il colosso di Rodi, e il faro di Alessandria. Si stima che le piramidi siano le più antiche delle 7 antiche meraviglie del mondo.

Mentre originariamente erano state costruite fuori da centri abitati, ora le piramidi sono a ridosso della parte ovest del Cairo, che ha esteso i suoi sobborghi fino quasi ai piedi di questi enormi triangoli, e soprattutto ai piedi della sfinge. Se andate su Google Earth, e trovate Il Cairo, si vede benissimo.

È difficile per il nostro limitato cervello pensare quanto tempo è passato dalla loro costruzione. C'è più tempo dalla costruzione delle piramidi alla nascita di Gesù che dalla nascita di Gesù ad oggi. Un vecchio detto arabo dice che l'uomo ha paura del tempo, e che il tempo ha paura delle piramidi.

Rivolta verso est, e verso lo smog e il caos del Cairo, la sfinge è lì, placida, appollaiata nel deserto da millenni. La cosa che mi rimarrà più impressa è il fatto che decine di piccioni sono costantemente appollaiati sul suo viso meraviglioso. E chiaramente lo continuano a corrodere e rovinare. Non solo con le loro zampette, ma anche con i loro continui escrementi.

La sfinge fu eretta durante il regno di Chefren, quindi circa nel 2558-2532 a.C. Si pensa la faccia sia quella di questo faraone, con il copricapo tipico a simboleggiare il potere. Il corpo di leone era simbolo reale e di forza. Fu scolpita da un unico pezzo di roccia, a parte le zampe anteriori. Per secoli, fino al 1400 a.C., e poi ancora fino al 1800, fu parzialmente o a volte anche totalmente coperta di sabbia, e "riscoperta" solo secoli dopo.

Pochi sanno che in Egitto ci sono tantissime piramidi che risalgono al periodo dell'Antico Egitto. Ce ne sono almeno 2 più antiche di quelle di Giza. A Saqqara, c'è la famosa piramide a scalini, come si facevano in origine. La costruì Imhotep, alto sacerdote e architetto per il re Zoser (2667-2648 a.C.). Fu costruita a Saqqara perché qui c'era la necropoli per Menfi, la capitale. Snerefu, regnante dal 2613 al 2589 a.C., costruì la sua nel mezzo del deserto a Dahshur, a meno di 10 km a sud di Saqqara. Questa fu la prima piramide non più a scalini, ma liscia come le conosciamo noi. Ma i calcoli ingegneristici erano sbagliati, e così riuscì storta.

Invece quasi tutti sanno delle 3 famose piramidi di Giza. Furono costruite nell'arco di circa 80 anni. Il figlio di Snerefu, Khufu, meglio noto da 2000 anni con il suo nome greco Cheope (2589-2566 a.C.), costruì la sua a forma di piramide come quella del padre, ma più grande. La piramide di Cheope è larga 232 metri e alta 146. Ci vollero probabilmente circa 20.000 uomini e 20 anni per costruirla. Questa è la più antica, grande, e quindi famosa di queste 3 piramidi di Giza.

Invece il figlio di Cheope, Khafre, o Chefren (2558-2532 a.C.), la fece grande ma più piccola di quella del padre Cheope. Sembra più alta di quella di Cheope perché sorge su un pianoro più in alto di quello dov'è Cheope. Si distingue dal fatto che sulla punta ha del calcare liscio, duro, levigato, che prima copriva tutte queste piramidi ma di cui poco è restato sopra Chefren.

Menkaura, o Mycerinos, regnò dal 2532 al 2503 a.C. Non si sa come mai questa, la più nuova delle 3, sia così piccola, con la base meno di un quarto di quelle di Cheope o anche Chefren. Forse pochi soldi, poco spazio, dicono le guide. Di spazio mi sembra che ce ne fosse, un intero deserto. Chissà.

Da vicino le piramidi sono ancora più grandi di quello che ti aspettavi. E si vede che sono vecchie. Mentre da lontano, nelle foto che abbiamo visto mille volte sui libri o le riviste o in televisione, sembrano avere i lati ben dritti, da vicino ora si vedono che sono fatte a blocchi, e il rivestimento che le rendeva lisce non c'è quasi più per niente. Da vicino sembrano quel che sono, fatte con grandi massi. La piramide di Cheope contiene circa 2 milioni e 300 mila blocchi di calcare, ognuno di circa 2 tonnellate e mezza!

Tanti sono i misteri delle piramidi. Probabilmente furono costruite portando questi enormi massi lungo lunghissime strade in lieve salita. La piramide di Cheope è orientata così che un suo lato è a soli 3 gradi dal puntare direttamente a nord. I lati sud-est delle 3 piramidi sono allineati perfettamente. E riproducono costellazioni celesti, in particolare quella di Orione.

C'è la possibilità di visitarne l'interno. Nessuno del nostro gruppo è interessato, tranne Andrea. Andrea, sin da piccolo, si è sempre mostrato amante dei viaggi, curioso, studioso, impavido. Io mi faccio volontario ad accompagnarlo. Fatti i biglietti, ci avviciniamo a Cheope. L'entrata nella piramide enorme è invece minuscola, come entrare in una piccola botola.

Io mi avvicino, ma è come se mi venisse un attacco di pre-claustrofobia. Mi gira la testa. La mente, più lucida, vorrebbe che il corpo si intrufolasse nel buco nero. Ma il corpo si rifiuta. Sudo freddo. Ho come la sensazione che non sopravvivrei a quel viaggio nel sottosuolo e nel cuore buio della piramide.

Con un po' di vergogna, e soprattutto con il dolore di non poter accompagnare Andrea, chiedo ad Anna, la moglie di Corrado, di accompagnare Andrea. Lei, come al solito, mi spara un sorriso radioso ed accetta.

Più tardi, guidati da Maghet, dopo una visita ad un negozio di reliquie antiche egiziane, andiamo a pranzo in un bel ristorante all'aperto lì vicino alle piramidi. Mi sento male! Non era quindi paura quella che mi aveva colpito una mezzoretta prima. Sudo freddo, mi sento mancare, la pancia mi incomincia a torturare. Non accetto le limonate fresche che ci aspettano. Ma chiedo immediatamente dov'è il bagno. Ignazio, clinico astuto e sempre all'erta, mi prende sotto braccio e mi accompagna.

Non si può scrivere in un libro quello che successe poi nel piccolo bagno di questo ristorantino egiziano. Con una porta alta solo un metro a coprirmi a malapena, e nessuna insonorizzazione o profumeria a disposizione, distruggo quel già sporchissimo posticino. Il fiume è in piena, irrefrenabile. Ignazio è dall'altro lato della porticina di legno, ma i dolori e la patofisiologia sono più forti di qualunque vergogna o pudore.

Ne esco fuori distrutto, spossato, ma spurgato, almeno momentaneamente. Non voglio rovinare il viaggio agli altri, e quindi acconsento, dopo che hanno finito il pranzo, a visitare la Cittadella di Salah al-Din.

Salah al-Din, conosciuto a noi come Saladino, fu un leader egiziano militare che regnò come sultano dal 1171 al 1193 d.C. Raccontandoci queste storie, Maghet ci parla anche dei Mammalucchi. Il termine Mamluk significa "quello che è posseduto", perché in origine questi erano schiavi portati dal Caucaso in Egitto come guardie e guerrieri. Furono essi che, durante il loro regno da circa il 1250 al 1500 d.C., fecero del Cairo una delle città più grandi e ricche del mondo antico. A questo periodo risalgono le famose storie delle Mille e una notte.

Il commercio portò scambi non solo di merci, ma anche cultura. Per esempio, tuttora usiamo, dalla parola araba "ruzz", la nostra parola "riso", da "kammum" "cumino", da "zafaran" "zafferano", da "qahwa" "caffè", da "sukkar" "zucchero", e da "makhzan" "magazzino".

Devo ammettere che non ricordo molto della visita alla città di Saladino. Abbiamo visitato la grande moschea. Tappeti per terra, e qui e là arabi piegati in ginocchio con la faccia a terra a pregare. Silenzio, e tanto spazio, arredato per lo più di rosso e verde scuro, e di color oro.

Nel 1516 i turchi ottomani sottomisero l'Egitto. Con la scoperta dell'America, e la possibilità di circumnavigare l'Africa come aveva fatto per primo Vasco de Gama, non c'era più bisogno dei Mammalucchi per commerciare. Istanbul quindi divenne la capitale da cui l'Egitto fu dominato per quasi 3 secoli di fila, e poi quasi un altro secolo ancora. Napoleone conquistò brevemente l'Egitto dal 1798 al 1801. Il suo esercito di scienziati, storici e antropologi fece riscoprire l'antico Egitto al mondo, e depredò queste terre di tanti reperti, ora al Louvre.

Gli Ottomani tornarono in possesso dell'Egitto. Nel 1869, fu inaugurato il Canale di Suez, costruito con aiuti francesi e inglesi. Nel 1882 l'Egitto divenne una colonia inglese. L'Egitto divenne indipendente nel 1922, dopo la Prima Guerra Mondiale, sempre sotto l'influenza britannica. L'ultimo re d'Egitto fu Farouk, deposto dai rivoluzionari di Nasser nel 1953. Al presidente Nasser è succeduto Sadat nel 1970, 3 anni dopo la guerra dei 6 giorni del 1967. Sadat fu poi assassinato nel 1981, e da allora c'è il suo vice-presidente, Hosni Mubarak, a "regnare" sull'Egitto.

2 gennaio
Il resto del viaggio turistico me lo sono perso. Resto a letto al Sofitel, con le luci abbassate, dolori vari, e niente da mangiare. La gastroenterite continua imperterrita, e devo assolutamente rimanere vicino ad un bagno, tutto per me. La macedonia del Sofitel sarà stata buona, ma solo di sapore. La sua vendetta è stata tremenda.

Gli altri visitano Menfi, con la sfinge di alabastro, il colosso di Ramses II, la piramide a gradoni di Saqqara (quella costruita da Zoser). Io mi perdo tutto, compreso la loro bella compagnia.

La sera riesco ad accompagnarli fuori a cena. Ceniamo su un barcone sul Nilo. Lo spettacolo è molto caratteristico. Ci sono i cosiddetti danzatori "tufi". Sono giovani, uomini e donne, che fanno roteare degli enormi cerchi di tessuto intorno a loro con grande maestria. Sia i teli che i loro indumenti sono molto belli e caratteristici, a colori sgargianti.

È l'ultimo ricordo di un viaggio indimenticabile. Un altro piccolo meraviglioso tassello nelle mie memorie. Un altro gradino scalato verso la costruzione spero di un me, di tanti altri ottimi compagni di viaggio, e di un mondo, migliori.

Isole Vergini, Caraibi, America Centrale
(Marzo 2008)

Questo viaggio lo abbiamo organizzato un po' all'ultimo momento. È bello anche fare così, avere dei giorni di vacanza e sognare nei giorni precedenti dove voler andare, le varie opzioni. Abbiamo pensato a Macchu Picchu, il sogno di Andrea, alle Galapagos, sogno di Pietro, all'Italia, a Londra o Parigi, anche alla Spagna, insomma, avevamo un sacco di idee e possibilità. Poi la scelta è stata dettata dalla relativa brevità del viaggio, dalla possibilità di volare "diretti" alla meta con un volo solo, a costo relativamente contenuto, e dalla voglia di andare al mare.

Quindi, a sud, Florida o Caraibi. In Florida ci siamo già stati parecchie volte, e siamo anche stati alle Bahamas, a Porto Rico, Jamaica, Culebra, Costa Rica, Repubblica Dominicana, Cancun (Messico, costa atlantica), e io anche a Huatulco (Messico, costa pacifica) e in Martinica. Volevamo viaggiare, come detto, direttamente, e quindi le scelte da Philadelphia non erano più tantissime. C'erano rimaste St Martin, St Thomas, e poche altre.

Durante questo periodo "decisionale", la mia caposala in medicina materno-fetale, Marianne Greenberg, che stimo molto, è tornata da un viaggio in barca a vela nelle Isole Vergini, soprattutto quelle britanniche. Sì, perché ci sono le Isole Vergini Britanniche (British Virgin Islands, BVI), e quelle Statunitensi (United States Virgin Islands, USVI). Abbiamo provato anche noi a prenotare un viaggio in barca a vela, ma non abbiamo trovato imbarcazioni disponibili.

Oramai i viaggi da molti anni li prenotiamo on-line, via internet. Ci sono miliardi di siti da spulciare, con mille offerte, mille optionals. Di solito cerchiamo qualche sito "all-inclusive", cioè che comprenda in un solo prezzo volo, albergo e pasti, se non possibilmente anche il divertimento (sport, attività acquatiche, ecc.). Non è così facile. Per esempio a me piace molto il Club Med, ma il prezzo non comprende quasi mai il volo, e non è sempre in località facile da raggiungere da Philadelphia. A volte poi ci sono alberghi che costano di meno, ma in cui non c'è molto da fare, quindi prenotare anche tutti i pasti lì può essere restrittivo.

Alla fine uno dei voli disponibili più a buon prezzo su località su cui non siamo mai stati era quello su St Thomas, l'isola più grande delle USVI. Paola si è studiata tutte le località dove alloggiare, e alla fine abbiamo deciso su una a buon prezzo, che insieme con l'aereo veniva circa mille dollari a persona per 6 giorni, non inclusi i pasti. La camera sembrava bellissima, con la cucina, così potevamo portarci un po' di pasta e risparmiare su alcuni pasti.

Ci piace molto viaggiare in compagnia, ma quest'anno non ci ha seguito nessuno, purtroppo, anche se siamo sotto Pasqua. Peccato. In Italia il tempo è stato pessimo, si sarebbero divertiti.

20 marzo, giovedì
Quindi il 20 mattina presto siamo andati all'aeroporto. Anche se ci siamo portati solo roba da mare, e non elegante, avevamo sempre 3 valigie da spedire e un carry-on. Portavamo pasta De Cecco, olio del dottor Pietro (mio suocero), nutella, biscotti fatti in casa da Paola, torta (detta "pizza") di Pasqua mandata dall'Italia da nonna "Iggia", così come anche un grande uovo di Pasqua della Kinder. Insieme a maschere e boccaglio, racchettoni, pallone da calcio e da football, tre racchette da tennis e due contenitori di palline da tennis da tre nuovi, libri da leggere, computer, cellulari ecc., si fa presto a portarsi dietro un centinaio di chili di roba.

Anche nella fila da privilegiati che facciamo come "frequent fliers", c'era gente, e per giunta faceva un freddo cane, visto che spesso si aprivano le porte a vetri automatiche ogni volta che entrava qualcuno. Intere famiglie infreddolite facevano la fila: noi, da buoni italiani, ben coperti, loro semi-nudi già pronti per la spiaggia.

Il viaggio è stato perfetto. Io seduto vicino a Pietro, che ha giocato con il suo DS e con cui ho parlato. In 3 ore, dopo esserci mangiati svariati biscotti, io anche uno yogurt alla fragola buonissimo, nonché un bel paninazzo al tonno, mentre guardavo le nuvole, ecco finalmente apparire i Caraibi. Le isole sono bellissime, il mare di mille colori dal celeste al blu al verde, al bianco delle onde che si infrangono sugli scogli. Sembrava atterrassimo sul mare (Pietro quasi ci credeva).

Come in tutti questi posti tropicali, si scende dall'aereo direttamente sulla pista di atterraggio, e si va a piedi al terminal. I bagagli sono usciti dal tapis roulant quasi subito. Niente dogana, visto che questo è un protettorato degli Stati Uniti. Quindi siamo andati dal Tropical Tours, abbiamo fatto vedere i nostri pass stampati dal computer a casa a Philadelphia, e ci hanno fatto andare 50 metri più in là ai pulmini.

Dieci minuti dopo eravamo già sul pulmino verso Point Pleasant Resort, il nostro hotel a soli 10 chilometri circa dall'aeroporto anche se quasi dall'altra parte dell'isola. St Thomas, la più grande delle USVI, è circa 15 chilometri per 10. Costa super frastagliata, il resto irte colline. Si guida a sinistra, come in Gran Bretagna, anche se il volante è a sinistra, come negli USA, da dove vengono le macchine. Paese che vai, usanze che trovi. E dalle usanze, spesso capisci la storia.

Già il viaggetto in pulmino (10 posti) è stato avventurosissimo. Dopo aver passato il brevissimo traffico della capitale (Charlotte Amalie, nome della principessa danese del periodo della fondazione di questa città), il pulmino prende ad arrampicarsi per vertiginose salite, sempre guidando a sinistra, con tornanti strettissimi, ripidissime salite verso il cielo, e poi vorticose e curvose discese a testa quasi in giù pregando che funzionino i freni, perché c'è sempre il burrone verso il mare da un lato della strada.

Se riesci a distrarti dal continuo e serpentino saliscendi, godi delle viste meravigliose di mare azzurro tempestato da molte isole e isolotti. Cristoforo Colombo, che conobbe questo arcipelago di isole nel suo secondo viaggio nelle Americhe nel 1493, le chiamò "Vergini" in onore delle 11.000 (11.000!) vergini di Sant'Orsola martiri degli Unni. Le Isole Vergini, comprendenti sia le USVI che le BVI, sono in effetti più di 90, e molto vicine l'una all'altra. Per cui le viste, come ti giri e ti volti, sono sempre splendide.

Il nostro resort di Point Pleasant è sul lato nord-est dell'isola, quello con le spiagge e gli hotel più belli, di fronte a tanti isolotti (detti qui "Cay") disabitati e anche alla bellissima isola di St John. Anche il nostro hotel è abbarbicato su una collina verde a picco sul mare, come era descritto su internet.

Aspettando la stanza, facciamo un giro. Ci sono tre piscine, sentieri nella foresta, il campo da tennis, sotto un bel bar sulla baia detta "pineapple" (ananas), un bel ristorante con vista sul mare, ecc. Il nostro appartamento è subito di nostro gradimento.

La nostra stanza ha doppi letti, tv, balcone spazioso abbastanza sia per un tavolo per mangiare fuori, sia per Andrea e Pietro per giocare a pallone. Poi cucina completa, bagno e salotto. La vista è splendida. Non solo c'e il mare sotto, ma si vedono sia le isolette disabitate, che St John, che la penisola di Coki Beach, una stretta e lunga lingua di terra verso il mare dei Caraibi.

Siamo attorniati di vegetazione rigogliosa, alberi che Andrea e Paola studieranno, e animali di tutti i generi, da galline e capre, a lucertole e iguana. Si sentono uccelli cinguettare, il canto dei grilli, il risciacquo del mare sotto.

A cena, visto che è il primo giorno, abbiamo prenotato all' Agave Restaurant, un ristorante nel resort molto quotato in tutta l'isola. Mangiamo molto bene, con vista sul mare. Ma le cose che ci intrattengono di più sono le dozzine di granchi con la loro conchiglia ("hermit crabs") nella foresta vicino al nostro tavolo, e il nero dell'isola che suona gli "steel drums" (tamburo d'acciaio). Come succederà ogni sera, una volta a casa si crolla dal sonno.

21 marzo, venerdì
Come discusso la sera prima programmando il viaggio così all'ultimo minuto, il giorno dopo, venerdì 21, ci mettiamo subito il costume, mamma Paola ci mette le varie protezioni solari, prendiamo racchettoni, pallone, macchine fotografiche, teli da mare, e scendiamo.

C'è la proprietaria del resort al bar Fungi vicino Pineapple Beach. Discutendo, subito decidiamo di prenotare per domenica il giro in barca a vela per St John. Paola sa che ci tengo, e sono felice che mi accontenti, sono sicuro si divertirà anche lei, e saranno soldi ben spesi. Poi ci fermiamo qualche minuto a Pineapple Beach. Io, Andrea e Pietro giochiamo a turno a racchettoni.

Di lì ci dirigiamo a Coki Beach e al Coral World, non più di 200 metri da lì. Per la strada ci sono tipi loschi, ma non diamo certo l'impressione di essere ricconi, ed è pieno giorno, ci sono turisti dappertutto. Io sono sereno, non so Paola, che mi resta vicino con i figli.

Visto che il tempo è un po' coperto, andiamo a Coral World. È un parco marino. Vediamo squali ("limone" e di altri tipi), mante (gli diamo pesci da mangiare noi stessi!), stelle marine giganti arancioni, "stronzi di mare", tartarughe marine, pappagalli dai mille colori, verdi gialli arancioni blu o anche variegati al rosso. A questi bellissimi uccelli diamo da mangiare del nettare, e loro si appollaiano sui nostri avambracci, uno morde anche con il becco il dorso della mano di Andrea. Andrea è troppo buono da toccare, da mangiare, lo sanno anche i pappagalli!

A Coral World, ci sono anche un paio di posti dove vai sotto il livello del mare e guardi i pesci e i coralli nel loro ambiente naturale. Ce ne sono tantissimi, i bambini sono eccitatissimi. Cerchiamo di individuarne il nome, confrontandoli con le foto a colori sui muri. Ci sono anche coralli fosforescenti, cavallucci marini, pesci pappagallo, pesci trombetta, barracuda, e tutti i meravigliosi pesci tropicali dei Caraibi, di colori veramente inimmaginabili.

La natura è molto meglio di ogni più sfrenata immaginazione, non c'è dubbio. Il mondo, incluso quello sottomarino, è meraviglioso. Viaggiare si fa per questi momenti indimenticabili, per continuare a ricordarci quanto sia prezioso quello che ci è stato dato, quanto sia importante non solo ringraziare per quello che abbiamo, ma anche saperlo mantenere così intatto e incontaminato.

Siamo a St Thomas, e presto ci si accorge dei vantaggi e degli svantaggi di essere, in fondo, negli States. Uno svantaggio è senz'altro il cibo: come faremo nei giorni seguenti, il pranzo è a base di pizza, hot dogs, hamburger, patatine fritte. Io e Paola almeno riusciamo a rispettare il giovedì e venerdì santi, ma non è facile. Mamma sarà contenta, anche se credo che essere cristiani significhi molto, ma molto di più di questi riti. Bisogna comportarsi onestamente, da buon samaritano, con altruismo, rispettando i comandamenti, senza odio e invidia, lavorando sodo per scopi degni dell'essere umano, tutti i giorni, per esser un buon cristiano; cosa si mangia o quante volte ci si batte il petto in chiesa credo sia meno importante, anche se ammiro quelli che lo fanno facendo anche il resto.

Dopo un bel gelato, andiamo alla limitrofa Coki Beach, segnalata come una delle 2-3 spiagge più belle di St Thomas. Sono spiagge libere, affollate di turisti americani. Il sole è forte, a volte coperto per pochi minuti da qualche nuvola che viaggia veloce nell'azzurro chiaro del cielo. Facciamo un bel bagno, i soliti racchettoni, calcio in spiaggia, ci tiriamo la palla da football.

Una delle cose più belle di queste vacanze è il fatto che passiamo tutte le 24 ore noi 4 insieme, io Paola Andrea che ora ha 10 anni e Pietro, 8. Sono anni bellissimi, loro amano stare con noi. Poi sono appassionati degli sport che amo, e mi vogliono sempre presente. Sono tra i momenti più belli della mia vita, questi passati con loro due a giocare insieme.

Quando non giochiamo, li bacio e li abbraccio. Ho anche inventato il "sandwich": quando pronuncio questa parola magica, Andrea mi bacia su una guancia e Pietro sull'altra, contemporaneamente, una goduria da lussurioso.

Tornati nel resort, andiamo, come faremo praticamente tutti i tardi pomeriggi, in piscina. Una delle tre del resort è a 30 metri dalla nostra suite, praticamente è la nostra piscina privata visto che non c'è mai nessuno. Lì io Andrea e Pietro ci tiriamo la palla da football, con Pietro portiere. Uno dei pomeriggi io e Andrea facciamo anche gare di nuoto, con Pietro arbitro. Vinco io 5 a 4, ma ce la devo mettere tutta. Andrea ha ragione: il prossimo anno mi batte. Devo mantenermi in forma, loro a Philadelphia fanno lezione di nuoto 2 volte a settimana, ce li porto spesso io, e non mi dispiace. Facciamo anche a chi va più lontano nuotando sott'acqua.

A "casa" Paola ci fa la pasta al sugo semplice (come dice Pietro), insalata avanzata dalla cena al ristorante la sera prima, e banane comprate per la strada in uno stand sgangherato, di legno. Poi abbiamo visto "Il mago di Oz" alla TV, che bel film per i ragazzi.

22 marzo, sabato
Abbiamo deciso di prenotare una macchina, per vedere un po' meglio l'isola. La vado a prendere ad un miglio lì vicino, in un posto che si chiama Bowskìs, dove George, nero dell'isola, ha un piccolo parcheggio sulla sabbia e sull'erba con una dozzina di macchine. Me ne affitta una di almeno 15 anni, sgangherata, ma lui sembra un onest'uomo.

Tornato al resort, io Paola Andrea e Pietro carichiamo la macchina dei soliti pallone, racchettoni, palla da football, vettovagliamenti leggeri tipo biscotti e mandorle, e ci avviamo a Magen's Bay. Tutte le guide dicono che questa è la spiaggia più bella di St Thomas, e uno dei 1.000 posti più belli del mondo.

Per la strada compriamo delle banane e una papaia, e io non riesco a pompare i palloni alla stazione del benzinaio. Arriviamo a Megan's Bay dopo aver fatto, sempre guidando sulla sinistra, strade irte e tortuose, con viste eccezionali. La spiaggia è lunga un miglio, ci sono bagni docce un negozietto un bar. Noleggiamo due lettini.

In compagnia di Andrea e Pietro, fidi compagni, riesco a trovare chi ci pompa le palle – al costo di un dollaro, che a me sembra esorbitante. La giornata è molto rilassante. Passeggiata mano nella mano con Paola, e Andrea e Pietro. Tante foto. Tiri in porta sulla sabbia. Tiri in porta con portiere in mare. Tirarsi e parare la palla da football. O quella da tennis, come facevo con il mio papà. Racchettoni. Nuotate nel mare calmo, limpido.

Abbiamo mangiato al bar. Andrea e Pietro hanno mangiato hot dogs, patatine, pizza. Io e Paola un "gyro" a testa, cioè un sandwich all'agnello originario della Grecia. Buonissimo e pesantissimo. Pietro ha insistito anche per prendere una coca-cola. È il più "americano" di tutti noi. Questa settimana è di piena vacanza, e i nostri figli si meritano questo e altro. Ok per la coca-cola.

Il pomeriggio io Andrea e Pietro andiamo anche in kayak. Andrea davanti con la pagaia, Pietro in mezzo passeggero, io dietro con pagaia. Andrea è bravissimo, ci facciamo tutto il chilometro e mezzo della costa, avanti e poi ancora la stessa distanza tornando indietro. Pagaiamo anche all'unisono, come le nostre indoli, la nostra vita. Verso le 4 o le 5, torniamo a casa. I soliti tuffi e giochi in piscina.

Avendo a disposizione la macchina, abbiamo deciso di andare a cena fuori. Avevamo accumulato dozzine di libri, libretti, opuscoli, depliant sulle attività a St Thomas. Mi sono studiato tutti i ristoranti, e il sunto mi ha portato a scegliere Cassins, un tugurio vicino al porto, nella capitale (neanche 100.000 abitanti), Charlotte Amalie.

Chiaramente, come mio solito, ho ordinato solo cose che non avevo provato prima. La specialità dell'isola e di questo ristorante tipico è il "conch", cioè il mollusco racchiuso nelle conchiglie giganti (lunghe dai 20 ai 40 cm circa) di cui tanti fanno collezione. Le ho ordinate sia per antipasto, con spinaci e pasta di mais, che come piatto principale, lessi al burro. Entrambi quasi immangiabili. Meno male che la bistecca dei ragazzi era ottima, come anche il pollo ordinato dalla solita Paola lungimirante. Anche questa un'esperienza indimenticabile, piena di risate di Pietro Andrea e Paola alle mie facce disgustate.

23 marzo, domenica
Per domenica 23 il programma era già stato deciso all'inizio: alle 9:45 ci aspettano dei marinai sotto nella "nostra" baia per il viaggio in barca a vela verso St John. Prima abbiamo chiamato tutti i parenti inoltrando gli auguri di Pasqua. Anche se "Natale con i tuoi, Pasqua con chi vuoi", sarebbe stato bello essere insieme in famiglia.

La barca si chiama Morningstar, capitanata da Jacke, sessantenne americano da 21 anni a St Thomas, con Ray, giovane e bello dal Wisconsin, come mozzo. La barca aveva 4 posti letto, main sail (vela principale) e jib.

Siamo partiti controvento per uscire dalla baia di Pineapple Beach. La barca ha zigzagato contro il vento proveniente da sud-est, con ripetute "cazzate" e girate a vento, il lato basso della barca quasi a toccare le onde del mare. Con Andrea e Pietro ci siamo spostati appena vedevamo Ray stringere le funi e preparare la barca alle virate. Per poco non si cadeva in mare!

Abbiamo così costeggiato il lato nord di St Thomas, a sud di alcuni "cays" (isolotti disabitati ma grandi, lunghi anche più di un chilometro), verso St John. In mare aperto le onde sono aumentate di forza e volume, e ad un certo punto è pure venuto a piovere. Paola e i bambini sono stati bravissimi, neanche un po' di mal di mare, sereni a godersi il mare e la pace della barca che va a vela, solo con il vento. Paola tutta bagnata mi ha ricordato della Malaysia, quando nella foresta siamo finiti sotto un vero uragano, ed era zuppa fradicia (e chiaramente molto bella e sexy).

Una volta "coperti" dal lato nord di St John, al riparo dal vento, anche il mare si è calmato, ha smesso di piovere, e ci siamo resi conto della scelta azzeccata che avevamo fatto. Siamo arrivati alla baia di Caneel, e abbiamo buttato l'ancora davanti alla Honeymoon Beach (spiaggia della luna di miele).

Ci si arriva praticamente solo in barca. È lunga circa 100 metri, sabbia bianchissima, ai due lati i piccoli promontori rocciosi hanno davanti la barriera corallina, che rende il mare di mille colori tra il blu e il verde. È il momento dello snorkeling, la "gita" in maschera e pinne a vedere la fauna e la flora marini.

Io mi lancio dalla scaletta risoluto, poi Andrea, poi Paola, poi Pietro, che però si rifiuta di mettersi la maschera. Mentre Paola e Pietro nuotano verso riva (siamo a circa 100 metri dalla spiaggia), io e Andrea andiamo a fare snorkeling.

Saranno 90 minuti di completa goduria. Andrea dirà: "Ho scoperto un altro mondo". In effetti, con il boccaglio, abbiamo avuto sempre la maschera verso il fondo, e abbiamo visto migliaia di pesci, dozzine di specie diverse, coralli a ventaglio, a "cervello", ad "albero", a "corna di alce", e tanti altri. Quelli a ventaglio spesso viola, quelli a cervello di solito gialli o sull'arancione, quelli a corna di alce arancione vivo.

Abbiamo visto tutti i pesci già visti a Coral World (tranne lo squalo, per fortuna), ma vederli in mare aperto, a non più di 1 o 2 metri sott'acqua, è stato magnifico. Io e Andrea ci siamo tenuti sempre per mano, la mia destra teneva la sua sinistra.

Nuotavamo all'unisono con le 2 braccia libere come fossimo una persona sola. Io con la sinistra, lui con la destra, indicavamo i pesci che vedevamo, così che anche l'altro potesse goderne. A volte io strattonavo lui, a volte lui strattonava me. Quanti ne ha visti, è stato bravissimo.

Il mondo marino è veramente un altro universo. A me piace molto immergermi con le bombole per vedere a 10, 20 o 30 metri i pesci nel loro habitat naturale. Ma devo dire che questa volta, "forzato" dalla presenza di Andrea a fare snorkeling e quindi ad osservare solo i primi 2 o 3 metri del mare, mi sono lo stesso divertito moltissimo. Un po' è che c'erano pesci variopinti e stupendi coralli, un po' era che avere Andrea vicino, così felice ed eccitato, dava tutto un altro gusto a questa avventura.

Un'onda ha buttato Andrea sui coralli, causandogli delle escoriazioni sul petto e sul braccio. Altre cicatrici causate dalle rocce del mare in presenza di suo padre, come 5 anni fa a Pescara sulla sua gamba. Lo faccio vivere pericolosamente, ma sembra contento, sempre orgoglioso del suo papà, e anche delle cicatrici, ricordo sereno di avventure paterne.

Dopo lo snorkeling, abbiamo avuto anche qualche minuto per fare due tiri a pallone sulla battigia con Pietro. Poi Jacke ci ha chiamato con la sua tromba speciale, il "conch", cioè un grande conchiglione rosa bucato in punta. Che rumore, come il fischio della nave che arriva in porto.

A bordo avevano modificato completamente il look, ora c'era una bella veranda bianca sotto la quale c'era la tavola imbandita. Io e Paola avevamo anche i bicchieri di vetro con lo champagne fresco. Ray ci ha servito pollo arrosto, pannocchie arrostite, e misto di verdure arrosto – broccoli, peperoni, cipolle, funghi. Abbiamo mangiato d'appetito, mentre intorno a noi il paradiso ci mandava la fresca brezza del mare aperto.

Dopo essere rimasti un po' a parlare con Jacke, Ray e i nostri altri due passeggeri, io non ce l'ho fatta più e mi sono ributtato, andando a fare snorkeling, questa volta da solo, all'altro capo della Honeymoon Beach. Verso le 3 e mezza, una volta tornato io, abbiamo alzato solo il jib e siamo andati col vento in poppa di ritorno verso St Thomas, piano piano, mantenendo la veranda. Che pace.

Siamo arrivati al nostro resort alle 16 e 30, anche se il tempo non lo abbiamo mai controllato, ce ne siamo accorti una volta tornati in camera, per vedere quale poteva essere l'attività seguente. Io l'orologio – Ferrari – l'ho lasciato al sicuro in valigia per tutta la vacanza. Andrea e Pietro sono andati ancora una volta in piscina, a divertirsi. Io ho riportato la macchina, così da non pagarla per quella giornata di Pasqua. Paola ha preparato la cena, un'ottima pasta al pomodoro.

Io intanto durante la vacanza ho goduto, nei pochi momenti non passati a giocare con Andrea e Pietro, a leggere un bellissimo libro, *La Mennulara*. Essendo il soggetto la Sicilia, ogni riga mi ha ricordato di mamma. Mi manca tanto, ma è viva dentro il mio cuore ogni secondo della mia vita, anche se dall'altra parte del mondo.

24 marzo, lunedì
Visto che St John ci era piaciuta così tanto, lunedì 24 mattina sono andato a prendere la macchina in affitto un'altra volta. Poi ho caricato la ciurma, e siamo andati al capo est dell'isola, a Red Hook. Lì c'è il porto da dove abbiamo preso il traghetto da St Thomas a St John.

C'era parecchio vento. Paola e Pietro, i fifoni, si sono messi sotto vento, a poppa, riparati. Andrea è rimasto a prua con me, a sfidare il vento, anche la pioggia, e gli schizzi mandati alti dall'attrito tra la chiglia di ferro del vecchio traghetto e il mare. Come sono orgoglioso di lui, di tutto quello che fa. Bello essere padri, anzi indescrivibile per chi non l'ha mai provato. Ora capisco il mio di padre.

Arrivati a St John, abbiamo preso l'unica vera strada asfaltata dell'isola, la 20. Perché poi 20 se è l'unica? Bah. La storia di St John è interessante. I Rockefeller, visto che St Thomas si è sviluppata con tanto cemento disorganizzato, hanno pensato bene di comprare la maggior parte, circa il 90%, dell'isola di St John, e donarla molti anni fa al governo. Così ora tutta St John, eccetto il porticciolo (capitale) di St Cruz, è parco naturale. Un paradiso terrestre e marino.

A St John, dopo aver passato il centro (circa 20 metri) di St Cruz, la strada si inerpica subito sulle verdi colline. La prima spiaggia su questa costa nord è Caneel Bay, già vista il giorno prima. Paola vuole fermarsi in tutte le spiagge, io sono d'accordo, siamo ottimi compagni di viaggio, curiosoni.

Ci fermiamo quindi a Hawksnest (nido di falchi) Beach, ma il tempo è ancora nuvoloso, e decidiamo di procedere. Poi, dopo un altro promontorio, c'è Trunk Bay, la spiaggia detta la più bella di St John. Ma sono già le 11 e mezza circa di mattina, il piccolo parcheggio è pieno. Visto che è ancora un po' nuvoloso, si procede.

Ci siamo così fermati una mezz'oretta a Cinnamon (cannella) Bay, un'altra bellissima spiaggia. C'era anche un bugigattolo di negozietto, ci siamo presi 3 gelati (i maschi sono golosoni), io anche una mela, che poi in macchina hanno sbranato anche Pietro e Andrea. Paola credo abbia ecceduto rosicchiando 4 o 5 mandorle.

Poi, passato il promontorio di Mary Point, siamo arrivati alle rovine della fabbrica dello zucchero di Annaberg (la collina di Anna), risalenti ai primi anni del XIX secolo. È su un cucuzzolo, con vista bellissima, in mezzo alla rigogliosa vegetazione.

Tra le rovine, c'e il mulino a vento, e un altro mulino che funzionava con la spinta dei cavalli, entrambi usati per schiacciare le canne da zucchero. Poi ci sono le vasche dove scorreva il liquido dolce, dove veniva scaldato al punto giusto da formare i cristalli dello zucchero. Troppo caldo, o l'ebollizione, creavano melasse.

Ma quello che più si immagina, ritornando a 200 anni fa, è come in quel posto paradisiaco, esistesse anche un po' l'inferno. Tutti i lavori venivano fatti da schiavi negri, in condizioni di caldo estremo, con vapori tossici, a ritmi massacranti, visto che la fabbrica lavorava 24 ore su 24. Gli schiavi vivevano in capanne fatte di sterco di vacca, con pochi viveri, solo lavoro. Meno male che i tempi sono cambiati, viva il progresso civile.

Da lì proseguiamo per il posto di cui più ero curioso. Un sentiero lungo la costa ci porta a piedi, dopo circa 30 minuti di cammino, alla Watermelon (cocomero) Bay, una spiaggia intorno alla quale si dice ci sia il miglior snorkeling dell'isola. C'è un'isoletta di fronte, e tutti e 4 ci inoltriamo, a volte dovendo affrontare parti del sentiero piuttosto bloccate dalla vegetazione, fino alla riva sassosa di fronte a quest'isolotto disabitato.

Andrea, cuor di leone, acconsente a venire con me a fare snorkeling. Pietro e Paola tornano 50 metri indietro sulla spiaggia sabbiosa. Lo snorkeling con Andrea è stato ancora una volta eccezionale. C'è una pubblicità della Mastercard che dice che la card si può usare per comprare tante cose, ma poi ci sono dei momenti impagabili. Be', i 3 snorkeling che abbiamo fatto durante queste vacanze io e Andrea sono stati speciali, eccezionali. Sono i momenti in cui il legame già profondo arriva a picchi estremi di complicità, fiducia, apprezzamento reciproco.

Per arrivare all'isola dobbiamo nuotare almeno 100 metri, che sembrano molti di più in mare. Arrivati vicino all'isolotto, stiamo attenti a non farci male ancora con i coralli. Andrea nota dozzine di pesci diversi, di mille colori. Vede anche un pesce trombetta, simile a un barracuda. Io non l'avrei notato senza di lui. È proprio vero che le cose nella vita è belle farle insieme. Si godono di più.

Poi torniamo verso la riva di St Thomas, dove ci sono bellissimi coralli a corna di alce. Tornati da Paola e Pietro, ci dicono che hanno visto proprio lì davanti, a 20-30 metri dalla riva, far capolino sul mare piatto la testolina di una testuggine. Il sogno di Andrea, già prima di partire, era proprio di vedere le tartarughe marine. Si era già emozionato a vederle in cattività a Coral World. Figuriamoci ora.

Prendiamo maschere e boccagli, e ci rituffiamo. Una coppia di americani ci indica dove l'hanno vista qualche minuto prima, poi tornano a riva. Guardiamo sul fondo, che è lì solo 2-3 metri sotto di noi. Ecco la tartaruga! Siamo soli, io, Andrea e la tartaruga. Ogni tanto, circa ogni minuto, sale su a prendere una boccata di ossigeno. Non la perdiamo mai di vista, anche quando va sul fondo.

Già prima, in altri episodi di snorkeling, mi ero tuffato verso il fondo per vedere meglio i pesci. Ecco che Andrea mi imita, e... si tuffa verso la tartaruga. La tartaruga è socievole, non si spaventa per niente di averci sopra, di vedere le nostre ombre marine. La seguiamo nel suo nuotare placido, silenzioso. Andrea le tocca addirittura la corazza 3 volte. È dura ma abbastanza liscia, sarà una tartaruga giovane, senz'altro un'amicona.

Passiamo attimi meravigliosi a seguirla, entrambi intenti a non perderla. La vediamo mangiare alghette finissime sul fondo, attaccate ad una roccia. Non so quanto tempo abbiamo passato con lei, forse una ventina di minuti, sono stati i più belli di questa gita, indimenticabili.

Poi, abbiamo deciso di lasciarla in pace, riavvicinandoci a nuoto verso la riva. I due americani a riva, appena vistici in piedi ancora in acqua, ci comunicano che la tartaruga ci ha seguito, è lì dietro di noi. Abbiamo una nuova amica!

Dopo il racconto di questo magnifico incontro con la tartaruga a Pietro e Paola, ci riavviamo tutti e 4 verso la macchina, nella speranza di arrivare a Trunk Bay ancora in tempo per vederla, e ora trovare un parcheggio disponibile. Il pomeriggio c'e il sole, e Trunk Bay ci accoglie con posto per la macchina e 300 metri di sabbia finissima. L'acqua è talmente bella che anche Paola fa il bagno. Io Andrea e Pietro pure, neanche a dirlo, ma molto più irrequietamente e con palloni vari.

La sera, stanchi, abbiamo ordinato la pizza, che ci siamo divorati. Io, stranamente, l'ho anche digerita. Il ricordo dell'incontro con la tartaruga ha monopolizzato il nostri racconti e i nostri ricordi.

25 marzo, martedì
Martedì 25, con la macchina ancora a disposizione, siamo tornati a Magen's Bay, la spiaggia più grande e più bella di St Thomas. Il tempo non è stato dei migliori, anzi ha piovuto parecchio. A me piace molto restare in spiaggia quando piove. Andrea e Pietro sono peggio di me, e sono restati a giocare in spiaggia anche sotto l'acquazzone. Io e Paola intanto leggevamo.

Andrea Pietro e io abbiamo comunque avuto tantissimo tempo per giocare, soprattutto a pallone. Prima sul pratino del parcheggio, quando la spiaggia era affollata. Poi nel pomeriggio sulla spiaggia, durante e dopo il diluvio. Abbiamo anche fatto amicizia con uno studente di college 19enne del New Hampshire, che tirava a calcio sia di destro che di sinistro.

Malgrado il maltempo, siamo restati in spiaggia fino alle 6. La sera ci siamo sbranati la pizza riscaldata, e pasta mista spaghetti e rotelline (i pacchi avanzati dai pasti precedenti). Abbiamo mangiato quasi tutte le sere sul balcone, con la brezza e il rumore del mare, con la luna sempre quasi piena (è stata piena il 21). Che vita!

26 marzo, mercoledì
È l'ultimo giorno. Ci si accorge che siamo rilassati per il fatto che né io né Paola ci svegliamo prima delle 8, fatto eccezionale. Io riporto la macchina all'autonoleggio Bowski, accompagnato da Andrea. Mi sembra un uomo a volte, serio, posato. Un figlio eccezionale. Mamma Paola intanto prepara le valigie.

Facciamo la solita colazione porca, oggi poi bisogna finire tutto, quindi vai, finire pizza di Pasqua, nutella, biscotti vari, latte, fette di pane, spazzoliamo praticamente tutto, lasciamo solo qualche corn flakes. Poi via a piedi a Coki Beach. Per la strada vediamo le varie lucertole, oggi anche un serpente, ed un iguana verdissimo.

La giornata è splendida. A Coki Beach noleggiamo un lettino per Paola. Io e Andrea andiamo a fare snorkeling... miracolo, Paola viene nell'acqua cristallina, chiara come una piscina, e glielo vedo negli occhi – oramai non abbiamo molti segreti l'uno per l'altra... gli chiedo se vuole fare snorkeling con Andrea, e risponde di sì.

Io quindi gioco prima a tiri in porta con Pietro, che ama fare il portiere. Poi io e lui, campione, facciamo il record a racchettoni, 314 ininterrotti. Paola ha già finito il suo snorkeling, abbiamo solo due vecchie maschere residuo di altri precedenti viaggi ai Caraibi, quindi continuiamo io e Andrea. Vediamo moltissimi pesci a strisce gialle e grigio/nere, grandi come un palmo, poi pesci piccolissimi come una semiluna di unghia tagliata – però luminosissimi se il sole li illumina, poi pesci grandi come triglie, come trotone – eccetto che sono verdi/rosa/blu, tutti variegati.

Sopra di noi una decina di albatros ogni tanto si tuffano dal cielo blu al mare blu, e sempre, dopo, li vedi soddisfatti mangiare la loro preda. Sono a non più di 2-3 metri da noi. Andrea, occhio di lince, vede anche un pesce sul fondo che è quasi perfettamente uguale al colore della sabbia, camuffato benissimo, forse è un tipo di pesce gatto, immobile.

Poi, dopo che Andrea ha raccontato le nostre avventure, giochiamo io e lui a racchettoni, 415, nuovo record. Paola fa il bagno felice, l'acqua è pulita e scintillante come a Cancun. Ci asciughiamo ascoltando musica Calypso e Reggae, poi verso mezzogiorno ci riavviamo verso l'hotel.

Oramai, dopo 6 giorni di vera vacanza, non ci dispiace neanche tanto interrompere quell'idillio, siamo pronti a tornare alle comodità di casa, alle sfide del lavoro e della scuola. Già incominciamo a goderci i tanti ricordi accumulati. Eh sì, perché le parti della vacanza che adoro sono le settimane precedenti, con l'organizzazione e le scelte, e la parte dopo, i ricordi, le foto, quattro righe da scrivere. Abbiamo visto almeno due dei 1.000 posti da vedere prima di morire. Siamo forse più vicini alla morte, ma siamo anche sempre più sicuri di aver veramente vissuto.

Parigi, Francia, Europa
(Dicembre 2009)

9 dicembre, mercoledì
Il volo Philadelphia – Parigi è ottimo. Partiamo alle 9:45 di sera di un martedì freddo di Philadelphia. Cambio subito le lancette dell'orologio come è mia abitudine da decenni, in 5 secondi sono già le 3:45 di mattina di mercoledì in Francia.

Il volo è più breve del solito Philadelphia-Roma, che richiede circa 8 ore. Il comandante annuncia che ce ne vogliono solo 6 e mezza, anche visto i potenti venti che avremo in coda.

Si vede che Andrea e Pietro sono molto felici di andare a Parigi. A loro, che oramai hanno 12 (Andrea) e 10 (Pietro) anni, piace viaggiare con me e Paola, i loro genitori. Si sentono sicuri, protetti. Godono della nostra completa attenzione.

Vedo quasi tutto *Australia*, poi mi prende sonno, e dormo un paio di orette. Anche Paola Andrea e Pietro dormono un paio di ore a testa.

Arriviamo al Charles de Gaulle, l'aeroporto internazionale di Parigi, alle 10 di mattina, con circa 20 minuti in anticipo. Ci danno le 2 valigie velocemente. Come dei signori, prendiamo il taxi. Ci costerà circa 50 euro. Ma in 4, avremmo speso quasi uguale con il bus (15 euro a testa) o la RER – il treno – (un po' di meno).

C'è traffico sulla Periferique, che sarebbe l'equivalente del Grande Raccordo Anulare di Roma qui a Parigi. Verso le 11 arriviamo all'Hotel. Intanto, già l'accento fortissimo del tassista ci fa sentire in Francia. Guida una Renault. Direi che almeno il 40, se non il 50% delle macchine a Parigi sono o Renault o Citroen o Peugeot.

L'Hotel Cecilia, assegnatoci dagli organizzatori del mio congresso che è il motivo di questo viaggio, è attaccato all'Arc de Triomphe. Siamo subito felicemente stupiti di essere solo a 100 metri, ma anche di meno, da uno dei monumenti più famosi di Parigi, della Francia, di tutto il mondo.

All'hotel sono gentili. La receptionist accetta il mio francese, non mi corregge, mi dice tutto in lingua "d'oil". Paola è preoccupata che io non capisca bene, ma in effetti le istruzioni sono semplici, capisco tutto.

Le nostre camere, numero 32 e 33, al terzo piano, sono comunicanti. Una con un letto matrimoniale, l'altra con due letti vicini ma separati. Dormirò con Paola nel matrimoniale solo la prima notte. Le altre ci mescoliamo. In fondo è bello così, siamo 4 innamorati in gita a Parigi. Dai balconi, uno per camera, in ringhiera in ferro, si vede vicinissimo l'immenso Arc de Triomphe.

Le *petit déjeuner* (colazione) è la nostra prima necessità. Le camere sono pronte in 30 minuti (ottimo, molti hotel non ti fanno entrare fino a dopo le 3 di pomeriggio anche se ti metti a piangere). Mangeremo bene e parecchio durante tutto il viaggio.

Di fronte all'hotel, sempre sulla *Rue Mac Mahon* (una della 12 strade che portano all' Étoile, dedicata ad un generale e politico francese divenuto primo presidente della terza repubblica dal 1875 al 1879), c'è la prima delle molte brasserie che abbiamo depredato.

Croissant alla nutella per tutti, io prendo anche la chocolat. La chocolat si prende colando cioccolata fusa nel latte. Quella che rimarrà nella caraffina ce la mangiamo io e Andrea a cucchiaiate. Che bontà pazzesca.

In hotel, posiamo le valigie nelle camere. Facciamo solo pipì, poi si esce subito. Paola non disfa neanche le valigie, mi sorprende. Con lo sguardo rivolto verso l'alto, ci avviamo all'*Arc de Triomphe*. È alto circa 52 metri. È maestoso. Napoleone lo volle costruire per celebrare le sue vittorie, in particolare Austerlitz del dicembre 1805. In effetti vi sono riportate tante delle sue vittorie, sia i nomi sia le gesta con bassorilievi.

Ma lui non poté mai passarci sotto, perché l'arco fu terminato solo nel 1836. L'ultima vittoria di Napoleone risale al 1812, la sua Grande Armée arrivò fino a Mosca, ma dopo subì solo sconfitte. La definitiva è Waterloo, nel 1815. Napoleone morì a Sant'Elena nell'Atlantico Meridionale nel 1821.

Sotto l'Arc de Triomphe sono passati tantissimi eserciti vittoriosi. Ma di solito non eserciti francesi. Dall'Avenue de la Grande Armée, che vi ci arriva, spesso eserciti vittoriosi sui francesi vi sono passati sotto in trionfo.

Nel 1871 i prussiani di Federico il Grande (la cui casa io e Paola abbiamo appena visitato 2 mesi fa, ad ottobre a Berlino). Nel 1919 gli Alleati, con americani e inglesi, dopo la prima guerra mondiale. Nel 1940 ci è passato sotto addirittura Hitler, oramai padrone dell'Europa, e facile conquistatore della Francia.

La linea Maginot, che è entrata nel linguaggio comune come una barriera invalicabile, venne in effetti evitata facilmente dai nazisti che entrarono a Parigi senza sparare. Nel 1944, furono poi altri Alleati, con americani, russi e inglesi, a passare sotto l'Arc de Triomphe vittoriosi e a liberare Parigi dalle SS.

I francesi fanno vedere sempre la figura, eretta e fotografata dal basso per darle importanza, di Charles de Gaulle che passa sotto l'Arc de Triomphe nel 1944. De Gaulle ci passò in nome dei francesi appena liberati dai nazisti, ma i trionfatori in effetti erano gli Alleati. Comunque la piazza si chiama Charles de Gaulle, primo presidente della quarta repubblica.

Uno dei posti più ingarbugliati e trafficati del mondo è l'*Etoile* (stella), il convogliamento di 12 strade tutte sulla piazza dov'è l'Arc de Triomphe. Impossibile attraversarla a piedi. Quindi passiamo sotto il tunnel, che ci conduce dall'arco all'Avenue des Champs Elysées.

Andrea e Pietro sono felici. Nessuno sembra avere il jet lag. Gli Champs Elysées sono in leggera discesa andando dall'Arc de Triomphe alla Place de la Concorde. Si chiamano Campi Elisi come quelli dove dimorano le anime dei beati dopo la morte, secondo la mitologia greca.

Ne facciamo il marciapiede sinistro, diretti verso est. C'è tantissima gente. Ci fermiamo agli eleganti concessionari, quasi boutiques, di Citroen, Peugeot, Mercedes. Poi Pietro insiste per andare all'Adidas, dove vendono magliette di squadre di calcio. E scarpe, tute, ecc.

Pietro vuole comprare le scarpe da calcetto, visto che hanno appena iniziato il campionato di calcetto. Io e Paola riusciamo a spuntarla, non si compra niente visti i prezzi. L'euro è a 1,5 dollari, e le scarpe che costano di meno sono a 70 euro. Più di 100 dollari per delle scarpe che dureranno un paio di mesi (poi o saranno distrutte, o il piede sarà troppo cresciuto), sembra davvero uno spreco.

All'estremità est degli Champs Elysées, all'altezza del Gran Palais e del Petit Palais, ci sono dozzine e dozzine di bancarelle. Si vendono cose appetibili per i milioni di turisti che passano di qui tutti i giorni, soprattutto in questo periodo di Natale. Crêpes, barbecue, altre cose da mangiare, peluche, altri dolcetti francesi, cappelli, sciarpe, soldatini per il presepe, e tantissimo altro.

Camminando camminando, arriviamo alla *Place de la Concorde*. La piazza è immensa. Ma ancora più immensa è la storia che qui si è svolta. Originariamente, quando fu costruita tra il 1755 e il 1775, si chiamava Place Louis XV, e celebrava con una grande statua equestre il re.

Poi durante gli anni del Terrore (circa 1792-99), si chiamò Place de la Revolution. Qui sono state ghigliottinate in quegli anni terribili più di 1.300 persone. Anche l'ultimo vero re di Francia, Luigi XVI, perse la testa qui, nel gennaio 1793, e poi, 9 mesi dopo, sua moglie, l'austriaca Maria Antonietta.

Qui c'è anche il monumento "più antico" della Francia, cioè l'obelisco donato da Muhammad Alì, pascià e vice-re d'Egitto, nel 1831. È l'obelisco di Luxor (Tebe). Il gemello l'abbiamo visto tutti noi 4 a Natale del 2007 a Luxor. Hanno entrambi 3.300 anni. Almeno questo non è stato rubato, come invece la maggior parte dei 45.000 dipinti, statue, monumenti e oggetti del Louvre. La Place de la Concorde è anche abbellita da 8 enormi statue che rappresentano le 8 maggiori città di Francia.

Abbiamo 2 guide, una nostra in inglese, una in italiano prestataci dai Rovaris. Leggo la storia della piazza ai miei 3 meravigliosi compagni di viaggio. Andrea e Pietro sono in un'età in cui si ricordano bene di quello che gli succede. Alla fine del viaggio, molti particolari saranno meglio impressi nella loro che nella mia memoria. La vita non è che un accumularsi di memorie. Se sono belle e indimenticabili come queste, ancora meglio. Sono i momenti che ti tolgono il respiro che bisogna vivere. Non si deve vivere solo per respirare.

Io sono curiosissimo quando si parla di storia e di geografia, cioè di viaggiare. Uno dei posti più famosi di Parigi è *Hotel Crillon*. È uno dei 1000 posti da vedere al mondo secondo la famosa guida di Patricia Schultz. Entro dentro, sembro abbastanza distinto e i maggiordomi non mi fermano. Paola e i figli non hanno il coraggio. La hall in effetti è bellissima, simile un po' a quella dell'Hotel Adlon a Berlino. Diversa però da quelle indimenticabili del Plaza e del Waldorf Astoria di New York, così come quella del Mandarin di Bangkok.

Ci incomincia a rivenire fame. Intanto c'è solo l'imbarazzo della scelta delle cose da vedere. Arriviamo alla Place de la Madelaine, con la bellissima chiesa. Dicono che c'è una vista stupenda da quegli scalini, guardando indietro verso la Place de la Concorde, l'obelisco, e poi Les Invalides ancora più a sud.

Ma i ragazzi ora non vedono che brasserie e ristoranti. Un tipo di mezza età sui 40, bell'uomo, con la faccia da francese alla gobbo di Notre Dame ma bello, ci fa segno di entrare nel ristorante dove evidentemente è cameriere.

Paola vede il menu, come abbiamo già fatto in altri 5-6 ristoranti almeno negli ultimi 10-15 minuti. Io volevo addirittura andare al ristorante dell'Hotel Crillon, dove Andrea si sarebbe potuto spolpare un fillet mignon da 31 euro. Ma Paola non era voluta andarci, credo più perché non era vestita adeguatamente che per i prezzi. Poi il fillet mignon non l'avevamo più trovato in nessun altro dei ristoranti davanti ai quali eravamo passati. Andrea l'aveva mangiato per la prima volta da Jones, a Philadelphia, insieme a me e Pietro, pochi giorni prima, ed ora era già uno dei cibi favoriti del primogenito.

La fame però è troppo forte, quindi anche in mancanza di fillet mignon, ci facciamo accomodare dal "gobbo bello" (alto come me, possente, mascella volitiva) al centro della Brassière de la Madelaine. Paola prende solo una zuppa di cipolle, io una entrecôte, i ragazzi una "cotoletta panata" (era scritto proprio così, in italiano).

Dopo siamo passati da *Place Vendôme*, dove c'è quello che sembra un altro obelisco egiziano, questo però una Colonne Vendôme di 43 metri d'altezza con le gesta di Napoleone scritte sopra il bronzo. È stata fatta con il metallo fuso di 1250 cannoni austriaci e russi vinti al nemico da Napoleone ad Austerlitz nel 1805. Sopra l'immane colonna svetta Napoleone vestito da antico romano. Scusate se è poco.

In questa bellissima, maestosa piazza ci sono anche il Ritz Carlton, gioiellerie, e negozi di fashion costosissimi ma da sogno. Giriamo per Rue Royale, e ci avviamo per l'Ile de la Cité. Dopo aver mangiato, ci sentiamo in forma, rigenerati. Non fa tanto freddo, circa 10 gradi, è nuvoloso ma non piove, ottima giornata per passeggiare tra la storia di Parigi.

Passiamo da *Le Louvre*, con la *Piramide di I.M. Pei*, costruita nel 1989, 200 dopo la Rivoluzione Francese del 1789, 100 anni dopo la Tour Eiffel del 1889. Il Louvre è enorme. Andrea e Pietro non potevano credere che un edificio così immenso era una casa solo per due persone! E c'era pure una parte di dietro! Al Louvre decidiamo di andare il giorno dopo.

La storia di Parigi comincia all'*Ile de la Cité*, una delle due isolette al centro della Senna. È qui che in tempi preistorici ci furono i primi insediamenti di Galli. Ci arriviamo tramite il Pont Neuf, o Ponte Nuovo, che in effetti è il ponte più antico di Parigi, il primo ponte sulla Senna, del 1607.

Sull'Ile de la Cité c'è il monumento più visitato di Francia, da 10 milioni di turisti ogni anno. Si chiama *Notre Dame*. La storia della chiesa cattedrale di Parigi è legata ad un po' d'invidia. I parigini volevano costruire una chiesa che fosse più bella di quella di Saint Denis, costruita nell'odierna periferia nord di Parigi.

Notre Dame fu iniziata verso il 1163. È bellissima da tutti gli angoli. Sotto, nella piazzetta, c'è la statua di Charles Magne, Carlo

Magno. Andrea scatterà più di 300 foto in Francia, e qui di fronte a Notre Dame, il monumento che più sognava di vedere, si scatena.

Facciamo subito la famigerata fila per salire su, per vedere la torre sud, quella dove c'è ancora una delle famose campane. La fila dura sono una ventina di minuti, forse anche meno. Noi intanto leggiamo dalle guide la storia di questa chiesa, al tempo la più grande del mondo.

Poi 422 scalini, ripidi, di scale a chiocciola, di marmo, lisi dai miliardi di miliardi di passi che li hanno percorsi. Ma siamo tutti e 4 in forma, e arriviamo su velocemente, senza fermarci un attimo.

La vista è spettacolare. Sono circa le 4 di pomeriggio oramai, e Parigi sta già dicendo arrivederci al pallido sole invernale. Ma si vede l'Arc de Triomphe, l'Arc de la Defense, Le Louvre, Montmartre, la Tour de Montparnasse, e tanti altri monumenti.

Più tardi, quando saliremo ancora più su e sarà un po' più tardi, la Tour Eiffel sarà ancora più evidente, tutta luccicante di milioni di luci che lampeggiano, bianche, blu e rosse.

Un brasiliano mi chiede che cosa sia quella gran chiesa che è sul piano di vista tra le Palace de l'Opera e Montmartre. Dopo aver studiato la mia cartina e parlucchiato nel mio terribile portoghese, ci accordiamo che dovrebbe essere Notre Dame de la Lorette, ma non ne sono ancora sicuro. Mi dice "obrigado" (grazie), e sembriamo due vecchi amici anche solo dopo 5 minuti di turismo insieme.

Intanto Andrea è impegnatissimo a fotografare quasi tutte le gargolle di Notre Dame. È il più studioso ed eccitato di noi. Arrivati alla campana, Andrea fa un'altra decina di foto. Ci si entra passando sotto una porticciola bassissima, un metro o forse meno, credo che anche il gobbo si sia dovuto piegare per passare di qui.

La campana, chiamata Emmanuel, si dice sia stata fatta fondendo anche l'oro e l'argento dei fedeli, ed è per questo che il suo fa diesis è così perfetto. O almeno così dice la leggenda.

Prendiamo la Metro per tornare a "Charles de Gaulle / Etoile", la nostra fermata. I biglietti costano 1,60 euro, ne compriamo

10 dopo aver lottato con la macchina automatica, che all'inizio non voleva accettare la mia carta di credito.

Per Pietro sarà una grande esperienza, ma un po' paurosa, visto che la linea gialla, la 1, quella che prenderemo più spesso, è quasi sempre stracarica, pienissima, anche se passa ogni 3 minuti. Bisogna accalcarsi.

Ma, di notte o di giorno, sulla Metro c'è sempre anche bella gente, stupende ed eleganti ragazze, mesdames e messieurs distinti. L'abbiamo presa per almeno 15 tratte nei nostri 4 giorni, e mai c'è stato un momento di difficoltà o paura. Basta dire "pardon" quando si esce, così la gente si sposta gentilmente.

Paola è una compagna di viaggio eccezionale. Interessata, colta, rassicurante, prudente, curiosa, instancabile. Avevamo pensato di tornare a casa (cioè, in hotel) dopo Notre Dame, ma giustamente lei propone di proseguire, se torniamo a casa chi esce più.

Quindi, *Montmartre*. Non scendiamo a Pigalle, ma a Lamarck Caulaincourt, dopo aver preso la linea 4 e poi la 12. Sono io durante il viaggio che, per la maggior parte, decido quale Metro prendere, come spostarci.

Arriviamo un po' dietro Montmartre. "Mont Martyr", ovvero il monte del martire. Chi era questo martire? Saint Denis, vescovo di Parigi, decapitato su questa collina nel 250 dopo Cristo, e oggi patrono di Francia.

Dobbiamo fare un centinaio di ripidissime scale, in circa 3 serie, per arrivare sul "butte" (colle) di Montmartre. Per quelle strade buie, strette, su quegli scalini eleganti in marmo, sotto facciate di stupendi edifici ottocenteschi, tanti giovani ventenni che si baciano. Spiego ad Andrea che Parigi è la città degli innamorati. Gli auguro, in silenzio nella mia mente, di venirci a baciare belle ragazze in futuro.

Facciamo un po' il giro delle viuzze illuminate, in cerca di un ristorante più che dei negozietti per turisti di cui Montmartre è piena. Arriviamo anche in Piazzetta. Quasi nessuno ha il filet mignon in menu. Una brassière che ce l'ha sta chiudendo "maintenant", cioè 'ora", come mi dice il giovane gestore.

Finiamo a far cena in piazzetta. Nel ristorante con facciata rossa sul lato ovest, carino, quello ci ha attirato di più. Si chiama Le Cadet de Gascogne, mi piace anche il nome. Io intanto penso a mia sorella Anna. Nel 1982, in questa piazzetta famosissima di Montmartre, ci facemmo fare un ritratto a matita da uno di questi artisti. Ne fu felicissima, ed ancora conserva il suo ritratto con amore. Io non ho idea di dove sia finito il mio. I pochi artisti, stasera, hanno solo freddo, e ce ne sono solo 4 in piazzetta. Gli altri "rincorrono" i turisti con la tavolozza in mano cercando di vendergli un ritratto o almeno una caricatura al volo.

Abbiamo mangiato tutti e 4 molto bene, io una ricca insalata. Il tavolino era il meglio collocato, vicino all'ampia finestra che dà sulla piazzetta. Dopo 5 minuti che eravamo seduti, l'ambiente già accogliente si è allietato di musica.

Il pianista ha circa 30 anni, un cappelletto con falda alla francese, l'aria semi-triste, semi-"grandeur" del suonatore di night. Alla sua destra una bella ragazza 25enne, bruna, capelli tirati indietro, che lo guarda come se lui fosse Frank Sinatra, adulante, amorevole.

Dopo 2-3 canzoni per solo piano, capisco che è la cantante. Ha anche una bella voce. Canta in francese. Poi, visto che il repertorio è internazionale, anche in inglese, successi di tutto il mondo. Sono bravini, almeno per un ignorante di musica e di voci come il sottoscritto.

Che giornata. Tornando in hotel con 2 Metro (la 12 e la 2), penso a quanto abbiamo fatto. Potremmo quasi quasi già tornare a Philadelphia, abbiamo già visto tantissimo in una giornata. I ragazzi sono stati bravissimi. Ma siamo più stanchi io e Paola.

10 dicembre, giovedì
Le Louvre, ovvero uno dei musei più famosi e grandi del mondo, era uno stop che io e Paola volevamo far fare ai ragazzi, ma di cui avevo timore. Enorme, si dice che ci vogliano 4 mesi per vederlo tutto, spendendo solo un minuto di fronte a ciascuna delle 45.000 opere che vi sono dentro.

La storia del Louvre è affascinante almeno quanto il suo contenuto odierno. Fu prima fortezza, poi, per secoli, reggia degli imperatori francesi. Luigi XIV si spostò a Versailles, infastidito dai nobili parigini, mantenendo per sé il Louvre come reggia cittadina.

Nel 1789 la rivoluzione lo depredò, quasi distruggendolo, e sottraendogli mobili e preziosi di tutti i tipi. Nel 1793, fu fatto museo. Il primo curatore del Louvre fu Denon (a cui tante cose sono dedicate a Parigi, tra cui l'ala più bella di questo magnifico museo-città).

Fu un ottimo periodo per fare un museo. C'erano tanti dei preziosi cimeli del re appena ghigliottinato, Luigi XVI. La rivoluzione e la neonata Repubblica Francese se n'era impadronita. E Napoleone stava iniziando a conquistare l'Europa, saccheggiandola di infiniti trofei storici, che finirono qui.

Arrivati al Louvre, c'è una fila enorme. Chiediamo ai poliziotti in borghese se il Louvre è aperto, visto che sono annunciati in giro scioperi selvaggi. Uno dice in francese che il Louvre è chiuso. L'altro dice in inglese che il Louvre sta aprendo. Non riusciamo a comprare i biglietti dai rivenditori automatici. Ma non ci diamo per vinti, anche se tanti se ne vanno via. Dopo 20 minuti di fila, ignari se si potrà entrare o no, annunciano che si entra gratis. C'è sciopero (*grève*). I bigliettai ci sono, ma parlano tra di loro, e non controllano biglietti, solo il contenuto delle borse. Ecco il motivo del fatto che i rivenditori automatici non funzionavano.

Lasciamo in 2 diversi uffici borse da una parte, e cappotti dall'altra. Poi verso le sale "Denon". Dominique Vivant, barone di Denon (1747–1825), scrittore ed archeologo, fu come detto il primo direttore del Louvre, designato da Napoleone dopo la campagna di Egitto del 1798-1801.

Quasi come mi ricordavo (la scalinata però me la rammentavo ancora più grande), in cima alle scale c'è la *Nike di Samotracia*. Nike in greco significa vittoria. Questa statua, scolpita verso il 190 a.C., è stata trovata a Samotracia, un'isola dell'Egeo, nel 1863 da un archeologo francese. Dal 1884 è qui al Louvre. Andrea gli fa almeno 10 foto, non se ne vuole andare. Io leggo a tutti la storia di questa famosissima statua, ora ancora più famosa visto il posto più importante concessale dal Louvre.

Poi ci dirigiamo verso destra e arriviamo alla *Monna Lisa (Gioconda)*, il capolavoro più famoso del Louvre, e anche del mondo (1503-6). È più grande di quanto io e Paola ci ricordassimo, più piccola di quanto molti che non l'hanno vista s'immaginino (77 x 53cm).

Andrea e Pietro sono impressionati non solo dalle centinaia di persone che vi sono davanti a fotografarla (ogni anno, 6 milioni!), ma anche dal posto di rilievo che le è conferito. Si dice sia Lisa Gherardini, moglie di Francesco del Giocondo, un amico di Leonardo da Vinci, l'autore. Un computer ha recentemente scoperto che l'espressione è, per l'83%, sorridente. Ma l'enigma continuerà per sempre, perché i miti spesso durano più dei fatti reali.

Di fronte, nello stesso enorme salone, c'è un quadro che sembra almeno 100 volte più grande (è in effetti enorme, 6,60 x 9,90 metri!), *Le nozze di Cana* (1563), di Paolo Veronese. Nel 1797 fu rubato da Napoleone al monastero benedettino di San Giorgio Maggiore a Venezia.

Ce lo studiamo bene. C'è Gesù, vicino la Madonna che regge un bicchiere che non c'è, poi, con la barba bianca, Pietro, che chiede qualcosa a Gesù. Di fronte a destra, ci sono i camerieri che versano liquidi da otri alti più di un metro. Dovrebbe uscirne acqua, invece esce un liquido rossastro. Il miracolo è compiuto. Si vedono anche gli sposi, a sinistra. Al centro c'è l'artista e altri suoi 4 amici pittori, tra i quali Tiziano, travestiti da suonatori. Ci sono 142 figure di uomini in questo quadro stupendo, meraviglioso. Che cose magnifiche sa fare l'uomo con impegno e maestria.

Vediamo poi nella parte antica (il Louvre copre reperti dalla preistoria al 1848, poi la roba recente è al Musée d'Orsay), il *Gladiatore (Antica Grecia)*. Come tanti reperti d'arte antica, ha una storia affascinante. Scolpito ad Efeso verso il 100 a.C., è stato ritrovato a Nettuno nel Lazio prima del 1611. A Villa Borghese per più di 2 secoli, Napoleone lo comprò da Camillo Borghese nel 1807. Non si sa bene cosa rappresenti, ma probabilmente non un gladiatore. La sua forma possente che sembra muoversi lo rende famosissimo.

Il *Sarcofago etrusco degli sposi* risale al 520 a.C., ed è stato trovato a Cerveteri nel 1845. Napoleone III lo comprò nel 1861. Non è detto che sia un sarcofago, perché gli Etruschi praticavano anche la cremazione, ed è quindi più probabile che sia un'urna funeraria. Paola ne è affascinata. Lei si ritrova molto negli Etruschi, è il suo popolo.

Amore e Psiche raffigurano Psiche svegliata e salvata da Cupido con un bacio. Commissionato ad Antonio Canova nel 1787, Gioacchino Murat lo donò al Louvre nel 1824. È un capolavoro del neoclassicismo. Noi non ci capiamo veramente un granché, incominciamo ad essere stanchi, e non riusciamo a tradurre le varie guide, giapponesi e francesi, che ci si fermano davanti con entusiasti turisti a far foto.

Verso la fine della nostra visita conduco i nostri magnifici 4 alla *Venere di Milo*. Oggi è illuminata dai raggi del sole che spuntano dall'enorme finestra che dà sul lato sud. Penso che assomiglia molto a Paola, sia nel fisico (per esempio il ventre piatto e scolpito), nel movimento elegante, che nel viso leggiadro (a parte i capelli, meglio quelli di Paola). Andrea scatta foto da tutti gli angoli.

Sono le 12 e 30 passate, bisogna correre al prossimo appuntamento. Mi aspettano alla *Defense* alle 13 e 30 per fare la lezione magistrale al congresso nazionale degli ostetrici-ginecologi di tutta la Francia. Andiamo tutti, visto che penso che anche per Paola Andrea e Pietro sia bello vedere il quartiere più moderno di Parigi, con il famoso arco che si vede un po' da tutta la città.

Devo trovare il *CNIR* (Centre des Nouvelles Initiatives et des Tendances), il Centro Congressi principale di Parigi. Ci riesco facilmente. Christophe è lì che mi aspetta. È uno dei più famosi giovani ostetrici-ginecologi della Francia, ma anche un amico da tanti anni, ed un ragazzo (avrà circa 42 anni) davvero simpatico ed intelligente. Già mi sento a casa.

Sono uno dei principali relatori, anche le segretarie del Congresso mi guardano ammirate, chissà cosa si aspettavano che fosse quel Vincenzo Berghella degli Etats-Unit. Parlo dalle 2 alle 2 e 40. Successone. Inizio con saluti e ringraziamenti in francese. Capisco anche le domande finali del pubblico, molti assiepati in piedi, in francese! Tra le molte congratulazioni, quella che gradisco di più è di un universitario parigino, che, con un fortissimo accento francese, grida: "You are the best!"

Alle 3 di pomeriggio appuntamento al *Gran Arche de la Defense* con Paola, Andrea e Pietro. Facciamo ancora altre foto. La prima che vedo fare ad Andrea è a me, che esco dall'enorme e moderno CNIR e vado verso di loro con cravatta rossa al vento. "Sei l'unico che porta la cravatta papà", esclama radioso il primogenito facendomi vedere la sua foto.

Giriamo per le bancarelle. A me è venuta tanta fame, mi prendo un dolce ricoperto di cioccolato finissimo con dentro panna soffice come nuvole, a caso, tanto per provare. Lo saggia solo Pietro, come al solito, e, come al solito, piace pure a lui tantissimo. La fontana che mi ricordavo spruzzava da mille bocche al ritmo di musica classica è spenta.

Dalla Defense, il prossimo stop è la *Tour Eiffel*. Scesi alla stazione del metro di Bir-Hakein, si vede subito. Enorme. Più di 10.000 tonnellate di ferro, 2 milioni e mezzo di bulloni, 26 mesi di lavori per l'Esposizione Universale tenutasi a Parigi nel 1889, il primo centenario della rivoluzione. Un'ora di fila ma vale la pena, te la fa gustare.

Durante la fila, Ngobo, senegalese, ci vende 3 piccole Tour Eiffel portachiavi per 2 euro. È simpatico, parla benissimo italiano, ha studiato a Livorno. Andrea è eccitatissimo. Continuerà a fotografare il capolavoro di Monsieur Eiffel da tutti gli angoli. Fa un po' freddo, saranno 5 gradi. Io tengo il cappello, come Paola e i ragazzi.

Ci sono 3 piani sulla Tour Eiffel. Non ci fermiamo al primo, ma al secondo la vista è già stupenda. Sta facendo sera, ma si vedono bene tutti i monumenti della capitale francese. Andrea, miope e senza occhiali, non riesce a vedere Notre Dame, al crepuscolo, davanti a noi in linea d'aria tra la Tour Montparnasse e Montmartre.

Poi saliamo fino in su, 324 metri, al tempo l'edificio più alto del mondo. Fa ancora più freddo, ma la vista è fantastica. Oramai tutta Parigi è illuminata, la Senna è attorniata di luci bianche e rosse come quelle dell'albero di Natale. A sud ovest della torre, nella zona che guarda alla periferia meno nota di Parigi, notiamo che c'è un bellissimo campo da calcio, dove degli eroi stanno giocando. Fortunati!

Torniamo sempre con la nostra ormai amata e solita Metro. Bir-Hakeim, il nome della stazione vicino alla Tour Eiffel, è un'oasi libica, che ha dato poi il nome ad un cannone, unità mobile di difesa usata nelle seconda guerra mondiale dai francesi. Questo strumento di guerra gli ha permesso di resistere a tedeschi e italiani prima che arrivassero rinforzi americani e inglesi, che poi portarono alla battaglia di El-Alamein.

È giorni, già da prima di partire, che abbiamo discusso e infine deciso cosa fare stasera. Andrea e Pietro vogliono rimanere in hotel a rilassarsi. La tv ha canali francesi, italiani, americani, inglesi, spagnoli, tedeschi, e arabi. Loro giocheranno con l'iTouch e i vari altri giochi elettronici che hanno. Io e Paola ci mettiamo eleganti, per la cena di gala del congresso. Paola è stupenda con un vestito attillato nero che le sta a pennello.

La cena è all' *Automobile Club de Paris*. Nella centralissima e illuminatissima Place de la Concorde, a fianco dell'Hotel Crillon.

C'è Christophe ad aspettarci nella hall d'ingresso. Il buffet cocktail pieno di champagne è in una sala bellissima, enorme, adorna di libri come una biblioteca. Parliamo molto soprattutto con il Vice-Presidente, e poi con il Presidente degli ostetrici-ginecologi francesi. Persone colte, simpatiche, che ci fanno sentire importanti. Ci fanno 5 o 6 foto.

A cena, in un'enorme salone con vista sulla piazza, le finestrone ci offrono, proprio davanti all'obelisco, la ruota illuminata di un bianco brillante della Place de la Concorde, e si vede anche bene la Tour Eiffel. Sembra che tutti cerchino di sedercisi vicino.

Servono pigeon e foie gras, cioè piccione e paté, poi un piatto di ottimo pesce. È una delle poche volte che Paola preferisce il pesce alla carne. Il dolce, una mousse bianca, è squisito. Parliamo con quasi tutti i 10 componenti del nostro ampio tavolo tondo. Si parla di ostetricia, famiglia, figli, anche politica e sport.

11 dicembre, venerdì
Malgrado siamo in hotel, e abbiamo il jet lag, ogni notte dormiamo almeno 9 ore. Che, almeno per me e Paola, è inusuale, non succede praticamente quasi mai. Paola e i bambini oggi vorrebbero vedere gli *Invalides*, la Saint Chapelle e la Conciergerie.

Optiamo prima per gli Invalides, che vorrei rivedere io. Il programma a seguire è che poi io vado al congresso, loro a vedere gli altri monumenti. Ci mettiamo un po' per andare agli Invalides, non visibili dalla fermata "Invalides" della Metro.

Passiamo quindi di fronte alla Assemblée Nationale sulla Senna, e poi finalmente, facendo un "giro di Peppe" come direbbe Paola, arriviamo in vista della cupola dorata degli Invalides. Fu Napoleone a voler costruire questo edificio adibito ad accogliere invalidi delle sue molte guerre. Ce ne potevano stare fino a 6.000. Una parte era adibita ad armeria.

Io faccio in tempo solo a vedere l'enorme tomba di Napoleone. E pensare che era un piccoletto. Ma in effetti conta molto nella storia del mondo, e credo che molti francesi considerino questo guerrafondaio che si incoronò da solo (visto che neanche il papa ne era degno), che uccise centinaia di migliaia di francesi e altrettanti stranieri nelle sue guerre, come il più importante francese di tutti i tempi.

L'unica vincenzata del viaggio la commetto qui. Mi rendo conto che non mi sono portato la targhetta d'iscrizione al congresso. Penso di averla dimenticata in hotel. Così mi fermo lì (in hotel), ma non la trovo (era nello zaino che portava in giro per Parigi Andrea).

Arrivo comunque al congresso in tempo. La nostra sessione inizia alle 12 e 30 di pomeriggio alla *Defense-CNIR*. La sala presto è stracolma. Parlano prima una bella olandese con padre cinese, poi un inglese di origini nigeriane, poi 2 francesi, poi, dulcis in fundo, io.

Malgrado il monitoraggio del segmento ST del feto in travaglio non sia il mio argomento principale di studio o ricerca, mi sono preparato a dovere, e ricevo molte congratulazioni. Il dibattito finale dura una mezz'ora, dove devo ancora rispondere a domande in francese. Fremo, ma non per rispondere alle domande, che mi piace da morire, ma perché ho dato appuntamento a Paola e ai ragazzi alle 3 di pomeriggio alla statua di Carlo Magno, sotto Notre Dame.

Compro al volo nelle bancarelle fuori il CNIR del 'chili" (pronuncia: "cili") caldo e delle bistecche magre di maiale appena cucinate, e me le mangio sopra la metropolitana. Sembro un ladro, o almeno un poveraccio affamato, ma sono vestito benissimo, giacca e cravatta. Parlare in pubblico mi stimola sempre dopo molta fame e sete.

Arrivo sotto Carlo Magno a cavallo alle 3:07 di pomeriggio, trafelato. Non ci sono! Aspetto solo un 7-8 minuti, poi sento passi di corsa che provengono dal lato sud di Notre Dame. Pietro ride, e capisco che Andrea sta correndo intorno alla statua per non farsi vedere e saltarmi addosso. Esistono figli migliori? Ci abbracciamo, e via giù altre foto.

Mi dicono che le loro ultime 3-4 ore sono state poco fruttuose: la Saint Chapelle e la Conciergerie erano chiuse. C'è ancora *grève* (sciopero). Allora "andiamo alle catacombe", decidiamo democraticamente, all'unanimità. Ma, prima di scendere per la metropolitana della Cité, chiamo, tanto per controllare che siano aperte. Il mio cellulare funziona benissimo. Anche le catacombe sono chiuse, fino alla fine del mese per manutenzione.

Allora, è Pietro che decide: crêpes in uno dei ristoranti accanto a Notre Dame. Sei euro l'una, ce ne spariamo una per uno: Andrea e Pietro alla nutella, Paola nutella e panna, io alla crema di castagne (creme de marron). 25 euro con le tasse, salasso che però Andrea e Pietro ricorderanno tutta la vita come una gran botta di vita. E che c'è di meglio di memorie così?

Poi è la mia proposta a vincere. *Vedettes de Pont Neuf.* Cioè la barche che fanno il giro sulla Senna. Un'oretta spensierata, con la narratrice che parla della storia dei vari monumenti che descrive sia in francese che inglese. L'inglese ha lo stesso accento del francese, ma agli accenti siamo abituati, e capiamo tutto.

Andrea è seduto vicino a me. "Papà, che bello, si vede tutta Parigi dalla Senna". Io e lui ci baciamo anche (io sulla sua guancia) sotto il ponte degli innamorati, il Pont des Arts, che connette l'Ile de la Cité con la Rive Droite. La guida ci conferma le tante cose che abbiamo studiato sul Louvre, la Tour Eiffel, Les Invalides, ecc. Alle 6 e mezza siamo di nuovo all'Hotel Cecilia. Un cambio, una doccetta, e via.

Alle 7 e 30 di sera ci viene a prendere Patrick Rozenberg. Patrick è un ostetrico di Parigi, che lavora a Poissy, come dire uno che lavora al Sant'Andrea a Roma, cioè un grande centro ospedaliero e universitario appena fuori il centro città.

L'ho conosciuto anni fa in giro per il mondo a qualche congresso. Voleva la mia opinione e collaborare alla sua ricerca sull'ecografia del segmento basso uterino in donne con precedente taglio cesareo. Un ragazzo (ora so che ha 53 anni) gentile, entusiasta del suo lavoro, compagnone, sempre vestito come un campagnolo francese, camicia a quadri non stirata, pantaloni a coste di un colore inusuale, giacca sportiva anni '60. Una bravissima persona, appassionato dell'ostetricia quanto Van Gogh lo era per la pittura.

La cena è a casa sua, a *Boulogne-Billancourt*, cioè nella parte ovest / sud-ovest di Parigi, a sud del Bois de Boulogne, dove la Senna compie una curva a 180 gradi e cambia il suo percorso da sud-ovest a nord / nord-est. Patrick Rozenberg è gentilissimo, ci porta con la sua Renault poco lussuosa ma efficiente. È distrattissimo.

Parla il suo inglese fatto di poche parole semplici, spesso si ferma a mezza frase per cercare la traduzione giusta alla parola pensata in francese. Spesso me la dice in francese e gliela traduco io così Paola Andrea e Pietro possono capire il suo pensiero, spesso credo involuto anche nella lingua madre.

Il primo incrocio è l'Etoile, uno degli incroci più pericolosi del mondo. Lui lo fa stando girato dietro a parlare verso Paola per educazione, e quasi ci fanno fuori le macchine che vengono sparate da sinistra, dagli Champs Elysées ingorgati, speranzose di trovare meno traffico dietro l'Arc de Triomphe.

Più tardi passeremo vicino allo stadio del tennis del Roland Garros, un mito. Dice Patrick che questa è una delle parti più ricche e ambite di Parigi, piena di belle villette e lussuosi appartamenti. Lui vive un po' più fuori, e lo dice con genuina modestia.

Per entrare nel garage dell'edificio dove c'è il suo appartamento, Patrick deve girare a sinistra in mezzo ad una strada stretta e trafficatissima. Sta ancora parlando, e non vede sul marciapiede un bambino più basso delle macchine parcheggiate, e quasi lo investe. Ma, niente paura, neanche lui se n'è accorto...

La moglie di Patrick, Agnes, è carina, avrà 35-40 anni massimo. È la seconda moglie. Patrick ha 2 figli più grandi dalla prima moglie. Edgar ha 5 anni, e somiglia alla mamma, Agnes. Lui passa la serata a guardare la tv sorridendo. Vivono in un appartamento di meno di 100 metri quadri, sobrio e funzionale.

Patrick mi dirà più tardi che guadagna 5000 euro di stipendio, più altri 5000 di attività privata, e Agnes è ostetrica, e sicuramente guadagna benino. Sono stati in Costa Rica e a Bali di recente, quindi penso che i soldi li spendano in viaggi.

Arriva più tardi anche Christophe. Il suo ritardo mi fa parlare molto con il simpaticissimo Patrick e la bella ed elegante (di vestito ma ancor più come persona) Agnes. Si chiamano a vicenda "mon amour", è molto romantico.

L'antipasto è un misto di crevette (gamberetti lessi), avocado, e pamplemousse (pompelmo), con un pochino di maionese e un po' di ketchup, buonissimo. La portata principale (solo in Italia esistono antipasto, primo, secondo, contorno, frutta e dolce) è entrecôte, pomme de terre (patate), e haricot vert (fagiolini).

Andrea si sbrana 2 (solo perché ha l'apparecchio e fa fatica) e Pietro 4 di queste succose bistecche, cotte al sangue (saignante) come richiesto dai nostri figli. Il dolce è ottimo. Parliamo tutti e 5 noi adulti come fossimo amici da sempre, spontaneamente, allegramente, ridendo e scherzando, fino a mezzanotte.

Patrick ci riaccompagna in macchina, questa volta facendo la strada panoramica lungo la Senna. Non guarda quasi mai la strada, ma invece o il panorama o noi. Parliamo di studi randomizzati sul progesterone per prevenire il parto pretermine. È bellissimo scambiarsi dati ed opinioni. Pochi possono farlo fra Europa e America, visto che entrambe le sponde non si fidano dei dati dell'altra. Sono fortunato ad avere colleghi europei che mi ammirano e stimano così tanto (e io viceversa).

A mezzanotte passata crolliamo a letto nel silenzioso Hotel Cecilia.

12 dicembre, sabato
Abbiamo fatto scegliere ad Andrea il cosa fare l'ultimo giorno a Parigi. Lui è stato interessatissimo a tutto quello che abbiamo visto, come d'altro canto Pietro. Impressionati dalla grandezza del Louvre, residenza degli imperatori e di Luigi XIV, non capiscono come questo re abbia voluto trasferirsi in un'altra dimora. La grandezza e sfarzosità che li aspettano a *Versailles* gli è inimmaginabile.

Prendiamo la Metro fino alla Tour Eiffel, poi la *RER* (Réseau Express Régional) per Versailles Rive Gauche, la fermata a 700 metri (la più vicina) al Château (castello) di Versailles. C'è ancora sciopero, quindi i biglietti che mi ero procurato con tanto studio non servono neanche.

A Versailles fa freddo. Girato l'angolo dalla strada dell'uscita della stazione, si vede subito, davanti ad un'enorme boulevard in leggera salita, un enorme edificio, costruito alla fine del '600, tipicamente francese.

Compriamo i 4 biglietti per visitarlo tutto (sempre i biglietti più costosi, si capisce), ma sono solo 16 euro a testa per me e Paola, i ragazzi gratis. Prendiamo anche 4 audioguide che spiegano tutto quello che c'è da vedere e sapere.

Le parti più importanti e famose sono la *Sala del re,* la *Sala degli Specchi,* e la *Sala della Regina*. Mentre i letti dei regnanti sono piccoli e a baldacchino, e non fanno enorme invidia, la Sala degli Specchi è lunga 73 metri, si affaccia sugli enormi ed elegantissimi giardini, ed è adornata da stupende statue greche e romane e lampadari enormi di cristallo. Mi immagino invitato ad un ballo, a piroettarmi tra dame francesi falsamente pudiche e riccamente vestite ed improfumate.

Visitiamo anche le "dependances" di Versailles, le Grand Trianon, le Petite Trianon, e i Giardini di Maria Antonietta. Il freddo non ci distoglie da una camminata lungo l'interminabile Grand Canal. Sul treno, verso le 5-6 di pomeriggio, quando oramai si è fatto buio, decidiamo che se torniamo all'hotel poi non usciamo più. Quindi si va a cena. Dove?

Uno dei ristoranti più famosi di Parigi è sicuramente la *Coupole*, a Montparnasse. Tra l'altro una zona di Parigi che ancora non abbiamo visitato. Arriviamo verso le 18:15, e ci fanno sedere subito. Andrea aveva letto che i "signori" li fanno sedere vicino alla cupola blu del soffitto che è in fondo al ristorante e gli dà il nome. Ci fanno sedere proprio lì. Andrea è stanco ma raggiante. Studiamo a fondo l'ambiente, gli elegantissimi camerieri, i nostri eleganti vicini di tavolo.

Andrea mangerà le cose più buone, agnello tenerissimo, patate in tutte le forme e gusti, e profiterole con cioccolato fuso. Anche tutti gli altri piatti sono prelibati. Pietro si sbrana una grande entrecôte e poi il creme brulé. Io un salmone che si squaglia in bocca e poi una crêpe al Grand Marnier, presa solo per vedere gli occhi spalancati di Pietro quando ce la infiammano davanti, con tutti gli altri tavoli girati ad invidiarci. Paola mangia altro agnello, e un altro dolce, anch'esso buonissimo.

Che serata. Già durante il piatto principale, notiamo che ci sono almeno 100 persone che aspettano. È sabato sera. Durante il dolce, la fila è lunga 60 metri nel ristorante, e chissà quanti ancora dietro, fuori al freddo. Che fortuna!

Un'altra Metro ci porta da Montparnasse in zona Champs Elisées. C'e tantissima folla, anche se sono oramai le nove e faranno 0 gradi. Lungo gli Champs Elisées Pietro, mentre mi tiene stretta la mano come solo lui sa fare, mi dice: *"Papà, tu sarai sempre nei miei pensieri, nella mia testa. Nei miei ricordi. Tutta la mia vita"*. Anch'io gli dico che sarà sempre nella mia testa, e nel mio cuore, tutta la vita. Ci abbracciamo.

Sulla parte destra degli Champs Elisées risalendo verso l'Arc de Triomphe ed il nostro Hotel, c'è un meraviglioso negozio di sport. Pietro compra una t-shirt dell'Inter, Andrea un pallone di cuoio sempre dell'Inter. Sono felicissimi. Anche se so che sarebbero veramente soddisfatti solo dopo aver comprato tutto il negozio.

Andrea mi dice, prima di andare a letto: *"Papà, è stato un viaggio bellissimo. Grazie"*. Basta questo a giustificare tutto il viaggio.

13 dicembre, domenica

Il giorno dopo, prendiamo il volo di ritorno Parigi-Philadelphia. Il tassista è gentile. Il volo in orario. Anche se ci sono tanti posti liberi, ci mettiamo tutti e 4 insieme, toccandoci. Le hostess non ce la fanno a convincerci a dividerci. Ci godiamo 3-4 film a testa, meravigliosi ricordi, e infinito amore.

Perù, Sud America
(dicembre 2009 - gennaio 2010)

Andrea, il nostro primogenito, sogna da quando aveva 9 anni di andare a Machu Picchu. L'ha studiato nella sua scuola modernissima e all'avanguardia di Philadelphia in terza elementare. Da allora, ripete spesso che vuole andare a Machu Picchu. Come fosse facile.

La nostra famiglia vive pensando a viaggiare. Sia io che Paola, ed ora anche Andrea e Pietro, i nostri due figli, amiamo viaggiare. Le vacanze di Natale sono un potenziale momento per viaggiare. È meraviglioso passare il Natale con i tuoi, ma a volte si presentano occasioni difficili da scartare. Ignazio voleva andare in Patagonia. Nel momento in cui però si doveva organizzare il viaggio, a settembre/ottobre, era impegnatissimo nelle primarie del suo partito, il PD. Quindi non pronto a prenotare.

I Fortina sono una bella famiglia con cui siamo amici da tanti anni. Il loro figlio Luca è coetaneo di Andrea, fa anche lui la sesta (ovvero prima media), come Andrea. Luca, Andrea e Pietro, giocano tutti e tre nella stessa squadra di calcio, i Palumbo Panthers (Pantere di Palumbo, un centro sportivo vicino a casa nostra).

Una sera siamo andanti tutti e sette insieme a cena fuori a Philadelphia. Anche loro sono amanti di viaggi. Luca, ancora undicenne, ha già visto tutti i continenti, tranne l'Antartide. Avevano già prenotato la loro prossima vacanza: Machu Picchu!

Ci sono voluti pochi giorni a decidere. Ho trovato su internet voli a poco prezzo, e siamo riusciti a prenotare gli stessi treni e alberghi, uguali o molto vicini. Il Rubicone era passato, saremmo andati in Perù.

Uno degli aspetti più belli del viaggiare è la preparazione, l'attesa, prima del viaggio. Abbiamo comprato la nostra guida, questa volta Fodors, e l'ho studiata nei minimi particolari. Abbiamo parlato con nostri amici che sono già stati in Perù su cosa fare, dove andare. Ho comprato il libro più famoso sugli Incas, *The conquest of the Incas* di John Hemming. Un tomo di 600 pagine, con tutti i dettagli dell'arrivo dei Conquistadores, guidati da Francisco Pizarro, e sugli Incas, a quei tempi divisi da guerre civili e lotte di successione. Più ho studiato prima di un viaggio, più mi sono divertito. In fondo è una regola di vita, essere sempre preparatissimi.

Gli Incas sono un popolo venuto in auge verso il 1200. Prima di loro, molti altri popoli sono vissuti in questi luoghi occidentali dell'America del sud. La loro storia è legata al territorio. Sono chiaramente tutti arrivati da nord, dal Nord e poi Centro America. Quelli che sono scesi nella parte occidentale, hanno avuto a che fare soprattutto con le Ande. Le Ande sono una catena montuosa immane, che attraversa Colombia, Ecuador, Perù, Brasile, Bolivia, Argentina e Cile.

Gli Incas riuscirono, con il loro re (Inca) più importante, Pachacute, a conquistare tutto questo territorio andino, da sopra Quito fino al Cile, verso la metà del 1400. Per circa 100 gloriosi anni, furono l'antica Roma dell'America del sud. I padroni assoluti di queste zone. Tra l'altro, pensavano di essere a capo del mondo. Le Ande ad est ed il Pacifico a ovest rendevano il loro territorio ben demarcato. Pensando che non ci fosse niente dietro quei confini naturali, si sentivano come appunto gli antichi romani, invincibili e unici supremi signori della terra intera.

Poi, nel 1532, arrivano alcune dozzine di spagnoli, guidati da Francisco Pizarro. Gli Incas, si dice, erano 2 milioni. I primi conquistadores, 50 appena. Come fu possibile che una civiltà così avanzata e forte sia stata sottomessa in pochi anni da un pugno di avventurieri europei? Cavalli e armature spagnole, e divisioni e lotte interne incas, sono il motivo della vittoria di Pizarro e dei suoi prodi.

Di solito portiamo mutande, calze, canottiere e camicie che possano bastare per tutto il viaggio. Quindi, visto il viaggio di 10 giorni, almeno 10 mutande, 10 calze, 10 canottiere, 10 camicie o polo. Ma questa volta di questi indumenti ne porto solo 6-7, sapendo di poterli lavare in viaggio quando possibile, nei lavabi degli hotel. O di dover mettere magari un paio di giorni la stessa camicia, sperando di non sudare molto. Mi son portato solo 2 paia di scarpe, una ai piedi una in valigia. Una sola cinta, già addosso. Due maglioni, uno di cotone, e quello di lana addosso. Nessun cappotto.

Anche il dentifricio e la schiuma da barba sono in confezione mini, giusti giusti per durare 10 giorni. Non mi porto neanche il beautycase, metto le poche cose per la toeletta in trasparenti, finissime bustine di plastica, anche per farle vedere al controllo in aeroporto. Paola fa lo stesso per i piccoli bagagli a mano suoi, di Andrea e di Pietro. Nello zainetto comune guida, libri, iTouch e PSP di Andrea e Pietro. Acqua e qualche cracker.

Il 22 dicembre ci svegliamo prestissimo, verso le 5. Alle 6 siamo in aeroporto. Il primo volo è Philadelphia-Houston. Partiamo verso le 7 e mezza, alle 10 e qualcosa siamo in Texas. Andrea Pietro e Paola sono dei viaggiatori provetti. Chi legge, chi gioca con giochi elettronici, chi pensa o sonnecchia. A Houston abbiamo almeno 4 ore prima del prossimo volo. Ne passiamo una a pranzo, in un ristorante dove Andrea mangia un filet mignon costosissimo, Pietro un hamburger enorme, e io e Paola il buffet da 10 dollari e 99.

Il volo successivo è Houston-Panama City. Passiamo il controllo doganale senza problemi. Abbiamo deciso di usare sempre i nostri 4 passaporti USA, ma abbiamo anche portato i nostri 4 passaporti italiani. Perché non si sa mai. Sull'aereo, anche questo Continental, i piloti e gli steward di bordo parlano quasi sempre spagnolo, e tutti e 4 ci incominciamo veramente a sentire in America Latina.

Arriviamo a Panama verso le 7 e mezzo di sera. Abbiamo fatto 4 ore di volo circa da Philadelphia a Houston, poi circa altre 4 da Houston a Panama. A Paola piace sedere vicino al finestrino, ma questa volta mi ci sono seduto io. Mi godo l'arrivo. Planiamo sul Pacifico, e dal mio posto a sinistra del 737 mi godo le luci di

Panama, veramente "magrissima" vista dall'alto. Una strettissima striscia di luce nel mare più nero.

A Panama abbiamo appena un'ora prima della prossima partenza. Usciti dal Continental, ci mettiamo alla ricerca del volo Copa 307 per Lima, Perù. Intorno a noi ora più del 95% delle persone sono molto simili, basse, carnagione scura, parlano spagnolo. Sul video luminoso delle partenze, il volo per Lima non è segnalato.

Piccolo panico. Per pochi secondi penso in quale hotel stare se ci hanno cancellato il volo. Ho anche un'amica qui, Patricia, ex del mio amico Olivier e nostra compagna di college a New York. Ho la responsabilità delle 3 persone che più contano nella mia vita.

Mi dirigo verso uno steward in piedi dietro ad un bancone, credo per un volo verso la Bolivia. Il mio spagnolo è passabile, ho sempre amato questa lingua di belle donne. Controlla al computer, e dice che il volo per Lima parte dalla "puerta" 33. Torno verso i miei magnifici 3, e Paola è tutta eccitata perché ora anche la lavagna luminosa mostra il volo Copa per Lima al gate 33. Ci avviamo, tra centinaia di sudamericani. Vedo anche un gruppo di giovani gesuiti, e i loro sorrisi, la loro giovinezza, mi mette serenità.

Il volo Panama-Lima parte una mezz'ora in ritardo, verso le 9 di sera. Noi ne siamo contenti, così il mio bagaglio "a mano", che a Philadelphia avevano cecchinato contro la mia volontà perché troppo "wide" ("paccuto"), avrebbe avuto più possibilità di arrivare.

Ancora una volta, siamo tutti e 4 seduti vicini, anche se per qualche attimo avevamo temuto di essere arrivati tardi a questo volo e che non c'erano più posti. Infatti non avevamo i sedili assegnati. Ci mettono invece gentilmente tutti insieme alla fila 7.

Anche questo volo, a parte un po' di turbolenza a cui sono ormai abituato, va benissimo. Davvero l'industria aeronautica è una delle più avanzate, precise e attendibili al mondo. Arriviamo a Lima verso mezzanotte e mezza.

La nostra prima preoccupazione è ritirare il mio bagaglio. Sembra non esserci, confermando i nostri presentimenti. Ma Paola lo trova, e i sorrisi si aprono sui nostri visi. Con la carta di credito, prelievo 400 soles, la moneta peruviana, da un ATM. Un dollaro vale circa 2,8 soles. Poi ci mettiamo alla ricerca di un taxi.

Mi faccio aiutare dalla "policia", presente vicino ai tassisti. So che ce ne sono molti illegali. Un poliziotto me ne indica uno dalla faccia inca, simpatica, bassetto, scuro. Contratto la tariffa, 40 soles per arrivare all'Hotel Miraflores.

Il taxi è una vecchissima e malandata Toyota, tenuta insieme con la colla, come si dice. Anche il ripostiglio per i documenti di fronte a me, che sono seduto davanti, è chiuso con un logoro filo di spago. "Ernesto" va pianissimo. Malgrado sia ormai l'una e mezza di notte, si scusa e si ferma a mettere aria alle gomme. "Speriamo bene", penso io.

Arriviamo nella zona Miraflores di Lima. Il tassista chiaramente non sa dove sia l'hotel. Eppure è il miglior hotel di Lima. Siamo fermi alle 2 di notte in zone sconosciute. Gli faccio vedere la nostra prenotazione, trovo anche sulla mappa dove dovrebbe essere, gli leggo l'indirizzo. Evidentemente di Miraflores ce ne sono molti. Meno male che finalmente gli si accende la lampadina quando gli ripeto ancora una volta che il nome completo dell'hotel è Miraflores Park Hotel. Parte spedito, e arriviamo in 5 minuti.

L'hotel è splendido. È come essere ritornati in America del nord, o in Europa. Ci prendono subito tutti i bagagli, che non dobbiamo portare su per l'elegante scalinata d'ingresso. Sono tutti vestiti eleganti. La hall è grande, c'è un centro tavola con una composizione di fiori tropicali dai mille colori sgargianti che sarà alta 2 metri e larga uno e mezzo. C'è un grosso pianoforte a coda lunga, e un salottone elegante grande, con ai muri libri antichi sull'America Latina. Al check-in ci stanno aspettando. Sono in 3 e sono gentilissimi, ci trattano da nobili. Paolo Fortina ci ha lasciato un messaggio, proponendo appuntamento a colazione alle 9 e mezza. Perfetto.

Le camere sono la 608 e la 612. Io e Andrea ci addormentiamo nel lettone king in meno di 2 minuti dopo aver fatto pipì e lavato i denti.

Il 23 dicembre, la colazione è sul terrazzo dell'hotel. Undicesimo piano, vista a 360 gradi su tutta Lima, e vista anche del Pacifico, sotto di noi. Il buffet è da vecchi imperatori del 1700 o 1800: frutta tropicale, uova, pancetta, sausages, cereali, croissants, omelettes, spremute di tutti i tipi (io prendo la Maricucha, chiaramente quella che non conoscevo), latte, cioccolato, caffè, toast, pane, dolcetti vari, formaggio, prosciutto, altre carni, ecc. Ci sediamo insieme ai Fortina. I ragazzi mangiamo famelicamente. Noi ci sentiamo dei privilegiati. E lo siamo.

Andremo molto d'accordo con Paolo e Marcella tutto il viaggio. Decidiamo di andare al "centro" di Lima, a vedere Plaza des Armas e Cattedrale. Paolo, da me soprannominato il Gobernador (come Francisco Pizarro), ha prenotato 2 taxi privati dell'hotel, Mercedes nere con autista in livrea. Ma costano 40 dollari l'uno, io trovo dei taxi sgangherati con cui patteggio 20 soles per il tragitto da Miraflores a "El Centro". Un dollaro ricordate vale 2,8 soles, quindi un risparmio di circa l'80%.

Parlo sempre, con il mio spagnolo italianeggiante, con i tassisti. Simpatici, per me vere guide nei viaggi. Invece della trafficata Avenida Arequipa, prendiamo l'Espressa, che dovrebbe essere la superstrada veloce di Lima. Il traffico è immane.

Lima fa 8 milioni di abitanti. La macchine sono tutte piccole, ammaccate, zigzagano inutilmente. L'inquinamento si respira, e asfissia. Da molti degli arrugginiti tubi di scappamento esce fumo nero come quello di alcuni nostri tir o autobus. Tra le corsie della Espressa, c'è in costruzione la metropolitana. Dice Josè che sarà pronta ad aprile 2010. Ma mi sembra impossibile, visto che manca tutto, c'è solo selciato per ora. E la metro sarà solo terrestre, non sotto terra come in quasi tutte le altre città del mondo.

Passiamo dalla piazza San Martin. Il tassista mi spiega che Josè de San Martin è stato l'argentino che ha aiutato il Perù a diventare indipendente dalla Spagna nel 1821. Il solito Simon

Bolivar li aiuterà molto nel 1824. Io, Andrea, Pietro e Luca siamo nel primo taxi, ed arriviamo a Plaza des Armas. Ci sediamo sui gradini di fronte alla cattedrale. Intanto, gli leggo la storia della piazza e della cattedrale.

In questa piazza, nel 1821 è stata proclamata l'indipendenza. Sul lato nord, c'è il palazzo del governo. Il Presidente è Alan Garcia, eletto nel 2006, e già presidente negli anni '80. C'è tantissima polizia di fronte all'enorme cancellata. Ci sono anche tante persone che stanno lì a vedere. Verso mezzogiorno c'è il cambio della guardia, e alcuni poliziotti mi dicono che quella mattina c'è stato il Consiglio dei Ministri, e Ministri e Presidente stanno per uscire, scortatissimi da macchine antiproiettili e poliziotti in moto.

Vicino al Palacio del Gobierno c'è il municipio, il palazzo del sindaco. Al centro dell'ampia piazza, un fontana del 1650. Ma è la Catedral il monumento più importante. Arrivati Paola, Paolo e Marcella, entriamo. È enorme. Ricordate che Lima è stata la capitale di tutto il Sud America spagnolo per più di 300 anni. La Catedral è decorata molto riccamente. Subito a destra, c'e la tomba di Francisco Pizarro. È lui che ha conquistato il Perù. I peruviani non ne sono molto fieri. Sì, ci sono statue del Marquis, o Gobiernador, un po' dappertutto, ma sono ancora di più quelle dei re inca.

I peruviani si sentono più inca che spagnoli, e sono fieri dei loro antenati autoctoni, molto meno dei brutali conquistadores, degli sfruttatori. L'aspetto più interessante della tomba di Pizarro, a cui è dedicata un'ampia cappella, è la descrizione delle ferite e fratture sul suo corpo alla morte. Dal libro di Hemming avevo imparato che Pizarro è morto nel 1541, non per mano Inca, bensì per mano spagnola. Un fazione a lui avversa di altri conquistadores giunti dopo di lui, sotto il comando di Diego de Almagro, lo aveva ripetutamente percosso, pugnalato, martellato nel suo letto. Sic transit gloria mundi. A volte bisogna guardarsi più dagli amici che dai nemici.

Da lì, ci dirigiamo (i magnifici 7) a piedi verso San Francisco, un'altra chiesa famosa dove ci sono catacombe che interessano a grandi e ragazzi. Per la strada, siamo seguiti da un nugolo di poveri peruviani, vecchiette sporche che fanno l'elemosina, ma soprattutto ragazzini e ragazzine, dagli 8 ai 15 anni, che voglio venderti cappelli, sciarpe, coperte, tutti multicolori. Sarà così in tutti i posti del Perù che visiteremo. Noi ci sentiamo abbastanza sicuri vista la presenza massiccia di polizia, qui con molte donne, che agevola il traffico zeppo di jeep militari.

Plaza San Francisco è coperta di piccioni. Entriamo, pagando altre poche soles per l'ingresso. Io e Paola, ed oramai anche Andrea e Pietro, siamo patiti di guide. Quindi, anche se i Fortina non sono tanto per le guide, ne prenotiamo una in inglese. Dopo 10 minuti, passati aspettando in una ampia ed elegante anticamera con dipinti e mobilio del 1500-1600, ecco pronta la guida. San Francisco, come quasi tutte le chiese del Perù, è come un monastero. Il soffitto e le mura a volte sono un po' sbilenchi. Colpa dei numerosi terremoti che si sono avvicendati negli anni.

Le catacombe sono interessantissime. Prima del 1800, non c'erano cimiteri in Perù. Qui a Lima quindi i cadaveri venivano messi nelle catacombe delle chiese. Si dice ci siano ossa di più di 25 mila persone qui sotto San Francisco. Per la maggior parte femori, e crani. Sono disposti simmetricamente, in androni di legno o di mattoni. La guida ci spiega che non si vedono ossa più piccole perché i cadaveri venivano per alcune settimane trattati con limone, che corrodeva e "squagliava" non solo la carne ma anche le ossa minori.

Tornando verso Plaza des Armas per prendere un taxi, Paola si accorge che manca lo zaino. Chiaramente ero io che ce l'avevo. Immagino di averlo lasciato nell'anticamera della Chiesa di San Francisco. A passo svelto, ci torno. Le peruviane dell'ingresso, mi sorridono, e me lo ridanno, intatto. La mia solita fortuna, sempre aiutata da brava gente, che è la stragrande maggioranza in tutte le nazioni.

Due taxi ci portano all'incrocio di Avenida Petit Thouars e Avenida Gonzales Prada, nella zona del mercato di Miraflores. I bambini hanno fame, e ci fermiamo in un ristorante vuoto, ma che sembra carino. Per 18 soles, ovvero circa 6-7 dollari, c'è un menù fisso con 4 portate.

L'antipasto più gettonato, le papas (patate) con pollo, piacciono a Paola, ma non ai ragazzi. Pietro divora delle tagliatelle alla bolognese con sugo rosa pallido, "buonissime", dice lui. Che Dio lo benedica, ha un appetito sconfinato, e mangerà di tutto e di più durante tutto il viaggio. Andrea e Paola mangiano ravioloni ripieni di basilico e coperti con una crema bianca e prosciutto cotto.

Da lì ci avviamo a piedi in giro per Lima. È una metropoli piena di traffico, gente, belle chiese, anche McDonald's, Pizza Huts e KFCs. Paolo è alla ricerca di un sarto che fa i vestiti ad un suo conoscente. Entriamo nel locale che odora di stoffa, ma Aldo non c'è.

Continuando a camminare, arriviamo fino alla riva del Pacifico. Sconfinato. La terra qui finisce a strapiombo, ci saranno 100 metri di dislivello tra Lima e il mare. Una strada, quella che percorriamo noi, è su, sul limite alto. Poi, la roccia strapiomba giù, non ci sono strade per scendere, è troppo ripido. Sotto, c'è un'altra strada lungo la spiaggia, grigio-nera così vista dall'alto in questa giornata nuvolosa di verano (estate). Faranno 20 gradi, si sta bene.

Lungo la "riviera" di Lima, tante belle statue. Da un grande prato verde, ci sono giovani che si buttano giù dal dirupo con il parasailing. Paolo all'inizio vorrebbe che anche io e lui lo facessimo, ma poi vediamo che smettono di librarsi in volo, forse non c'è abbastanza vento. Meno male...

Il Parque del Amor è molto bello. La statua principale è enorme, e mostra un uomo ed una donna posseduti dalla passione amorosa. Lungo tutto il muro dalla parte dell'oceano, poesie e detti d'amore di poeti spagnoli, da Neruda a Vargas Llosa, scritti con ceramiche dai colori sgargianti. Vorrei scrivermele tutte, ma sono centinaia, mi ci vorrebbero 3-4 ore minimo.

Cambio in albergo, e cena. Huaca Pucllana è uno dei ristoranti migliori di Lima. Huaca significa tempio, ed in effetti il ristorante è attaccato ad una spettacolare piramide, più estesa che alta, a lastroni crema chiaro, di 1500 anni.

I ragazzi mangiano cuy, che sarebbe porcellino d'india, come antipasto. Sono orgoglioso che lo provino, ed anzi gli piace! L'altra specialità del Perù è il ceviche, cioè pesce crudo "cotto" con un bagno di limone. Mangiabile, ma certamente è un gusto da acquisire nel tempo. Mi rendo conto che i ragazzi sono ormai grandi, mangiano di tutto, provano anche, soprattutto Pietro, e si comportano bene a tavola, qui attorniati dall'elite peruviana. In hotel, mi addormento guardando Andrea addormentarsi, un sogno.

L'aereo LAN 027 ci porta da Lima a Cusco giovedì 24 dicembre. È vigilia di Natale, ma non ci se ne accorge molto quando si è in viaggio in posti così. Anche se, a concentrarsi sul paesaggio, Lima è disseminata di alberi di Natale enormi, che non sono pini, ma spesso sono di plastica e adorni di cose strane, bottiglie di plastica, o pacchi regalo, o solo luci. Non so se piacerebbero a mia madre. Prima del volo, delle 10:10 di mattina, compriamo a caro prezzo t-shirt del Perù in aeroporto. Paola si compra dei begli orecchini d'argento, e fa bene.

Alle 11:30 atterriamo a Cusco. Anche questo volo è stupendo. Voliamo sopra le Ande, spesso innevate, sempre immense, con nuvole di tutte le forme e i colori. L'aereo sembra zigzagarvi intorno. A Cusco è sereno, e si vede tutta la città, distesa su una lunga valle, chiusa da tutti i lati dalle montagne. Mi ricorda vagamente la Sulmona di mia sorella. È a 3300 metri, e le montagne intorno arrivano ai 3900. Dobbiamo virare di 180 gradi sopra le rocce andine per planare sulla pista dell'aeroporto, piccolino.

Dopo aver ritirato i bagagli, ci dividiamo dai Fortina, che vanno all'Hotel Monasterio. Il miglior hotel di Cusco, ma loro sono in viaggio di lusso per festeggiare i 50 anni di Marcella, e sono in tre, mentre noi abbiamo quasi sempre bisogno di 2 camere, al doppio del prezzo. Un taxi sgangherato ma ancora una volta con un autista gentilissimo ci porta in zona San Blas, alla fine di Carmen Alto, all'hotel Second Home. Carlos, il proprietario, ci accoglie amichevolmente, e ci fa sentire a casa.

Cusco è l'antica capitale inca. Ci sono statue di re inca dappertutto, ma soprattutto di Pachacute, il re dell'espansione e gloria inca. La statua al centro di Cusco sarà alta 50 metri. La città è a forma di puma. Il puma era una delle divinità inca. Il condor a significare gli elementi del cielo, il puma quelli terrestri, il serpente quelli sotto terra.

Cusco, in lingua Quechua (la lingua inca), vuol dire ombelico. Perché la capitale era al centro dell'impero inca. E l'ombelico dell'ombelico, cioè l'ombelico di Cusco, e quindi della forma a puma, è Plaza des Armas. Sì, le piazze principali di Lima, come di Cusco, come dopo di Aqua Caliente, ed anche di Arequipa, si chiamano tutte Plaza des Armas. Nomi che evocano i tanti conflitti passati.

Il nostro hotel è minuscolo, in una strada di meno di due metri in larghezza, dove non passano neanche le macchine. L'entrata è una porta celeste, come la porta di una casina, e Second Home è scritto piccolo solo sul citofono. Come prima cosa, Carlos ci offre del "mate de coca". Tè alla coca (sì, da queste foglie si fa anche la cocaina), importantissimo per non soffrire di "soroche".

Il soroche è il mal d'altitudine. Siamo, come detto, a 3300, 3400 metri. L'ossigeno, nell'aria, è scarsetto. Bevo tutta la bevanda calda di coca, con le foglie di coca che mi finiscono spesso in bocca. Sistemiamo le valigie nella nostra camera, la cui entrata sarà alta un metro e 10. Ci sbatteremo la testa molte volte. Andrea e Pietro sono contenti, perché la loro camera comunica senza porta con la nostra. Ci sono solo 3 o 4 camere in tutto l'albergo (se posso chiamarlo così), noi abbiamo la più bella, all'attico.

Scendiamo giù per scale ripidissime, poi facciamo un vicolo che si chiama "Siete Culebras" (sette serpenti), ed arriviamo in Plazoleta Nazarenas, dove c'è l'Hotel Monasterio. Splendido, tra i più belli che abbia mai visto.

Originariamente un monastero del 1592, è monumento nazionale, restaurato e addobbato alla perfezione. La cappella interna fa invidia alle varie cattedrali e chiese più belle del Perù. Il lounge è grande, elegante, con poltrone comodissime e decori medioevali spagnoli.

Comodamente e regalmente seduti, decidiamo il da farsi. Paolo e Marcella sono per riposarsi un po' (che veggenti si riveleranno). Io, Paola e io ragazzi fremiamo. La giornata è bella, la città in festa, siamo in uno dei posti più affascinanti e remoti del mondo.

Così ci dividiamo, e noi 5, aspettando la guida per un giro fuori città per l'una, andiamo giù a Plaza des Armas, l'ombelico del mondo! La strada per arrivare è zeppa di gente. I locali vendono di tutto, anche spiedini di pollo (pronunciato poio), cuy (porcellino d'india), vaca, ecc. Resisto alla tentazione di comprarne e mangiarne uno, tutte le guide dicono di non comprare niente da bancarelle, di mangiare solo roba cotta, e di bere solo acqua imbottigliata.

Sotto di noi, Plaza des Armas è in festa. Ci sono mille bancarelle, ragazzine girano vestite a festa con pecorelle in braccio, signore con lama e alpaca al guinzaglio, tutti hanno costumi sgargianti, dove il rosso e l'arancione la fanno da padrone. Ma anche il blu, il verde, il giallo. Si vendono cappelli, sciarpe, vestiti, oggetti di Natale, cibi vari, bambole, coperte, tappeti, statuette, monili, gioielleria vera e falsa, oro e argento, di tutto.

I ragazzi hanno fame. Dopo una veloce videata della piazza, trovo una pizzeria accanto alla plaza, con un po' di respiro dalla folla. Aspettando che le pizze si cuociano, mangiamo castagne fresche che ho comprato in plaza. Mangiamo 4 margherite, e ci portiamo via 4 mezzolitro di acqua e 4 porzioni abbondanti di pane all'aglio. Il tutto, 60 soles, cioè 20 dollari.

All'una ci aspetta di fronte al Monasterio Julio, la guida, che porta noi 5 in gita ai 4 posti religiosi e militari vicino a Cusco. Sono io il più eccitato di vedere soprattutto Sacsayhauman, cioè l'antica fortezza inca sopra Cusco.

Salendo 500 metri ancora più in su di Cusco, la panoramica della città è splendida. Julio ci fa fermare e scendere dal pulmino. È un continuo insegnarci la storia inca. Ora ci disegna sul selciato al lato della strada il puma, e ci mostra come la città sia a forma di questo animale. Plaza des Armas in effetti è nella zona dove immagini l'ombelico. La testa, maestosamente in su, è Sacsayhuaman.

Avevo studiato che Sacsayhuaman era stata la fortezza da dove gli inca avevano attaccato Pizarro e i suoi appena gli spagnoli avevano preso Cusco. Dall'alto di questa fortezza, gli inca lanciavano pietre, massi, frecce e lance agli spagnoli giù nella piana di Cusco. Oramai allo stremo, Francisco Pizarro decise di abbandonare Cusco e conquistare Sacsayhuaman, l'unico modo in cui pochi spagnoli con solo 30 cavalli potessero resistere alle migliaia di inca sotto il comando di Manco Inca. Costui fu un altro famosissimo capo inca, quello che più combatté e resistette all'invasione dei conquistadores, ai quali inflisse alcune importanti ma solo temporanee sconfitte.

Sacsayhuaman fu costruita attorno al 1440 da Pachacute, l'inca più forte di tutti i tempi. Quasi tutto quello che di grande e bello rimane degli inca, incluso Cusco e Machu Picchu, fu costruito durante il regno di questo grande re, l'Augusto degli inca. La particolarità della fortezza è che fu costruita con enormi blocchi di granito, il più grande pesante circa 361 tonnellate. Ma come facevano a trasportare pietre simili? Centinaia di inca le spingevano sopra pietre più piccole, o tronchi, su e giù le montagne, in questo caso per più di 10 chilometri.

Ma la cosa più unica di queste grandi costruzioni inca è come erano messi questi enormi massi. Erano incastonati perfettamente senza calce o spazio alcuno. Venivano prima levigati e formati in modo che si intersecassero perfettamente, creando un muro solidissimo, impermeabile, senza calce né cemento. A volte le pietre avevano anche 12 lati diversi, rendendo l'incatenarsi con gli altri massi un lavoro matematico e meccanico da maestri.

Julio ci ha portato anche a Qenko, dove la pioggia con grandine, vera "lluvia tropical", ci ha impedito di scendere dalla macchina. Puka Pukara (puka vuol dire rosso in Quechua) è una torre sul sentiero inca che va da Cusco verso Machu Picchu.

Tambomachay è un tempio, con di fronte una torre di controllo, sempre su sentiero inca. Era qui che si fermavano i Chaski, i messaggeri inca. Davano il loro messaggio codificato nel khipu (corde con nodi di diverso colore). Da Cusco a Quito, 2400 chilometri, questi messaggeri, passando il khipu ad altri chaski in questi posti di ristoro, riuscivano a portare notizie in 5 giorni! Da Cusco a Machu Picchu, 93 chilometri, ci mettevano solo 5 ore!

Salendo per arrivare a Tambomachay, inizio a sentirmi debole. Mi gira un po' la testa. Ho il fiatone, mi manca l'aria. Pietro e Luca restano nel pulmino. Andrea e Paola, infaticabili, scalano la salita con me. Mi devo fermare spesso. Incomincio ad aver mal di testa. La vista della fontana sacra inca di Tambomachay è un miraggio.

Riscendendo verso Cusco, ci fermiamo a vedere meglio Kenko (o Cenko, o Qenko, a seconda delle guide). Dentro queste rovine inca, ci sono camere per sacrifici di lama e di umani. Gli inca, si dice, sacrificavano ai loro dei soprattutto animali, e solo raramente (carestie, guerre, terremoti) vergini umane, e anche bambini (come abbiamo scoperto poi ad Araquipa). Ma la questione è controversa, con molti autorevoli studiosi che enfatizzano la mancanza di prove di sacrifici umani. Ma le prove ci sono, le ho viste.

Di ritorno a Cusco, Andrea Pietro e Paola salgono in hotel, mentre io accompagno Luca dai suoi al Monasterio. Mi sento uno straccio. Il mal di testa è al massimo, 10 su 10. Farfuglio raccontando a Paolo e Marcella il nostro viaggio a Sacsayhuaman e dintorni. Luca, dopo 10 minuti che siamo arrivati, vomita tutto. Due volte. Sarà la soroche (mal d'altitudine), o qualcosa di contaminato nella pizza o nelle castagne fresche? È soroche!

Io mi avvio verso il nostro Second Home mezzo morto. Per salire le scale ripide verso l'hotel, mi fermo e mi siedo 4 volte (saranno circa 60 gradini). Dei peruviani che scendono si fermano a vedere se ho bisogno d'aiuto. Ansimo, ho il fiatone, mi manca l'aria. Ma non mi faccio portare all'ospedale ("hospital?", pronunciato "opital?"), come mi propongono dei gentili passanti.

Tornato in camera, mi metto a letto. Sono circa le 6. Non riesco ad alzarmi per tutta la serata. Non mangio. Il mal di testa fa malissimo, soprattutto in zona frontale. Prendo anche degli antiinfiammatori non-steroidei ma il mal di testa passa solo da 10 a 8 in intensità.

Pietro, che come me e Paola prende le pillole, sta meglio di tutti. Paola riesce a muoversi. Andrea sta peggio di tutti, e vomita anche lui due volte verso le 8 e mezzo, mentre Pietro e Paola sono fuori a cena. Il soroche ha colpito tutti, soprattutto Andrea, me e Luca.

Il giorno dopo, 25 dicembre, visitiamo la mattina la cattedrale di Cusco, a Plaza des Armas. La Plaza des Armas di Cusco oggi è spoglia delle bancarelle. La gente è tutta di fronte alla cattedrale. È appena finita la messa. Ci sono dozzine di danzatori vestiti a festa, con mille colori, che cantano, danzano, fan festa. Alcuni hanno la maschera. Sono quelli che rappresentano i cattivi, che sono gli spagnoli. Molte donne portano in braccio una culletta, spesso di giunchi, con dentro il bambinello di stoffa o ceramica di famiglia, portato in chiesa per essere benedetto.

Riusciamo ad entrare in cattedrale, spesso chiusa secondo la guida, mischiandoci alla folla che esce. È enorme, con in mezzo una cappella grande, che oscura dapprincipio l'altare principale. È ricca, con tante cappelle dorate, argentate, piene di dipinti del 1500 e 1600, fino al 1800. L'altare è tutto di "plata" (argento). In ognuna delle molte chiese che visiteremo in questa nazione per più dell'80% cattolica, recito almeno un Padre Nostro e una Ave Maria.

Un dipinto in particolare rappresenta per me molta della storia di questa terra religiosissima. C'e in mezzo una processione. Intorno, scene di panico per il terremoto. La leggenda vuole che alcuni devoti, all'inizio di un terremoto, siano entrati in cattedrale e abbiano portato fuori la statua di Gesù in processione. Questo atto di devozione ha fermato il terremoto e salvato la città di Cusco e i suoi abitanti. A voi l'interpretazione scientifica.

Proseguiamo poi per Qorikancha. In Quechua, "Tempio d'oro". Fu costruito da Pachacute in onore del sole. Si dice che 4000 preti e religiosi inca ci vivevano dentro. La sua facciata, i suoi muri, e molto dei suoi interni erano completamente ricoperti d'oro. Quando gli Spagnoli catturarono l'inca Atahualpa, chiesero in riscatto agli inca di riempire d'oro una grande stanza.

Gli inca stessi staccarono a mano l'oro di Qorikancha e lo portarono a Francisco Pizarro e i suoi seguaci. Quel poco che ne rimase fu poi rubato e depredato dai conquistadores una volta entrati in possesso di Cusco. L'oro fu poi fuso per fare monete spagnole. Che peccato.

Come per tutti i templi inca, sopra ci è stata costruita una chiesa cristiana, la Chiesa di Santo Domingo. La stessa cattedrale siede sopra il palazzo del più importante re inca, Pachacute. Niente è rimasto di questo palazzo. Niente.

Anche se non ci sentiamo benissimo, i mal di testa sono a 5 su 10 o meno per tutti. Decidiamo quindi di organizzare una gita a Ollantaytambo. Ollantaytambo è a 60 chilometri a nord est di Cusco. Noleggiamo un pulmino da 8, e partiamo.

L'autista si chiama Vicente Washington, perché suo padre, racconta, era molto filo-americano. È simpatico, loquace, sulla cinquantina. La strada passa per gli altopiani andini, passiamo prima Chinchero, poi Maras. Washington ferma il pulmino, e ci fa scendere su una grande curva a sinistra.

C'è una piccola casetta, sembra ad una stanza, con davanti due bambini, un maschietto di circa 8 e una femminuccia di circa 6 anni, vestiti sgargiantemente da peruviani. Il bambino ha in braccio una pecorella. Vicino, un cane che sembra una pecorella smarrita, tutto sporco col pelo da randagio. Washington ci porta 20 metri verso nord, sul ciglio. Sotto di noi, a circa 900 metri di dislivello, la valle dell'Urubamba. Una vista spettacolare, indimenticabile.

L'Urubamba è il fiume sacro degli incas. Nella valle, la città di Urubamba. Scendiamo dall'altopiano a 3800 metri fino in valle a 2800 metri, a zig zag giù dalla montagna. L'edificio più grande che vediamo lungo la strada è quello che sembra un piccolo stadio, direi da 5-10 mila persone. Washington ci spiega che è lo stadio per le lotte di galli. I ragazzi sono affascinati da questo mondo così diverso dal loro.

È circa l'una, i ragazzi hanno fame. Anche gli adulti, ma si dà sempre colpa ai più deboli. Il Monasterio ci ha consigliato 3 ristoranti a Urubamba. Dico a Washington di portarci da quello che vuole lui. Dall'unica strada di Urubamba, Washington ad un certo punto gira a sinistra, dove sembra non esserci neanche una strada asfaltata e non ci sono insegne. Ci porta a Rio Sagrado. Per la strada avevamo visto povertà, miseria. Qui c'è il paradiso.

L'hotel ristorante Rio Sagrado è in un posto incantevole, sulla riva destra dell'Urubamba. Ha tutto il lusso che possiate immaginarvi. Prati verdi all'inglese, fiori tropicali di tutti i colori, giardini che fanno invidia a Versailles.

La vista dai posti del nostro tavolo è spettacolare: l'Urubamba carico di pioggia sfreccia nella valle verde e tropicale. Le acque marrone chiaro sono "caricate" (come dicono qui), formano rapide impressionanti, mi chiedo come le rocce su cui corre non si spostino o rompano al tremendo impatto idrico. E penso che l'Urubamba è uno dei tanti fiumi andini che diventano emissari del Rio delle Amazzoni. Per questo il Rio delle Amazzoni è il fiume che porta più acqua al mondo, ora mi è tutto chiaro.

Mangiamo come fossimo da Maxim a Parigi o a New York. Cibi presentati elegantemente, dal sapore eccellente. Pietro prova e mangia il sashimi (pesce crudo), e lomo saltado (carne peruviana). Andrea si sente ancora male e prende pollo arrosto con purè de papas. I ragazzi mangiano anche il gelato, servito in coppe di cristallo. Siamo i soli ospiti del Rio Sagrado. Ed è facile capire perché. Spendiamo 45 dollari a testa, che è una fortuna in Perù. Ma ne è valsa la pena. Il posto è magnifico, ve lo consiglio se volete trattarvi bene.

Da lì, Washington ci porta lungo la Valle Sagrada, l'antica valle inca, fino a Ollantaytambo. Durante il viaggio, i ragazzi contano più di 150 pecore ("ovejas"), 100 mucche ("vacas"), 100 cani ("perros"), 100 asini ("burros"), 50 e passa galline, ecc. A Ollantaytambo, io Paola Andrea e Pietro noleggiamo per 35 soles (circa 13 dollari) una guida locale. Il suo inglese è terribile, ma si fa capire. Ci racconta cento volte tanto quello che c'è nella nostra guida Fodors scritta.

Il nome della città prende origine da Ollanta, un generale di Pachacute. Pachacute stesso fondò la città, e la diede a Ollanta, un capo militare. Ollanta poi chiese in mano la figlia di Pachacute, che gliela rifiutò. Ollanta stesso semi-distrusse la città incavolato con Pachacute. Penso che la storia del mondo è andata avanti sempre per lo stesso tipo di diatribe.

La città in se stessa è in una valle stretta, ed è a forma di pannocchia di mais. Ogni casa rappresenta un chicco. Questo si vede bene scalando la fortezza/tempio che vi è di fronte. La scaliamo insieme alla guida. Anche qui, come vedremo poi meglio a Machu Picchu, ci sono tante terrazze agricole, dove gli inca coltivavano 123 specie di papas (patate), più di 30 specie di mais, poi anche coca, alberi da frutta, ecc. Da su, si vede bene la montagna di fronte. La guida dice che è la parte più importante e sacra di Ollantaytambo.

Si vedono, scolpite sulla roccia, tante sculture. Una è il profilo di un uomo che sembra arrabbiatissimo. È un saggio che ha portato tante innovazioni agli abitanti di Ollantaytambo. Poi si vede la forma di un condor, l'uccello sacro inca. E anche la faccia del puma sopra quella del saggio. A destra, scolpite sempre nella montagna, le case dei musicisti sacri, le cui note si facevano sentire in tutta la valle durante le festività religiose. E, più in su sulla sinistra, le facce di Pachacute, sua moglie e alcuni suoi generali.

La costruzione invece che stiamo visitando, ovvero la fortezza e tempio di Ollantaytambo, è a forma di lama. È qui che la più grande vittoria degli inca sui conquistadores spagnoli è avvenuta. Manco Inca nel 1537 sconfisse Hernando Pizarro che li stava inseguendo da Cusco. Purtroppo per gli inca, gli spagnoli chiesero presto rinforzi, e conquistarono Ollantaytambo, costringendo ancora una volta Manco Inca e pochi sopravissuti alla fuga, questa volta verso Vilcabamba.

La parte che trovo più interessante di Ollantaytambo è l'ospedale. La guida mi parla di placenta, e subito voglio saperne di più. Ci fa vedere dove nascevano i bambini. Il parto avveniva su una roccia levigata, dove si vedono bene scavati nel granito i posti dov'era distesa la donna in travaglio, il posto del medico e dei suoi assistenti. In piena aria aperta. Dal lato destro della roccia (per il medico), sulla parte ripida, prima c'è una concavità sul bordo superiore, poi a scendere tre piccole stradine scolpite sul granito grigio scuro.

La guida ci spiega che la placenta veniva fatta uscire dalla concavità, e poi fatta scendere spontaneamente. Se scendeva giù dritta, il bambino o bambina poteva diventare agricoltore, ecc. Se scendeva nella seconda "stradina", sarebbe diventato prete, o astrologo, o dottore, insomma una professione importante. Se andava addirittura completamente a sinistra, in modo che a me sembrava impossibile più che improbabile, sarebbe diventato inca, cioè capo, re. Che bella storia.

La guida ci fa vedere anche il resto dell'ospedale, con le camere per i pazienti, i reparti dove stavano i dottori, le sorgenti per i pazienti maschi e quelle per le femmine. Si è certamente guadagnato 35 soles più 5 di mancia.

Ripartiamo felici, Ollantaytambo valeva la pena. Washington ci ha consigliato di tornare facendo un'altra strada, cioè seguendo tutta la Valle Sagrada fino a Pisac, per poi scendere a Cusco tramite Sacsayhuaman. A Yucay, però, c'è la processione. Stiamo fermi per una mezz'oretta nel paese. C'è un'unica strada, l'antica strada inca.

Sui lati, piccole taverne con gente che beve chica, la bevanda alcolica rosa ricavata dal mais che amavano anche gli inca. La gente è seduta sul margine della strada, non c'è neanche il marciapiede. Ci sono vecchiette alte poco più di un metro con i cappelli a festa, questi alti almeno 30 centimetri. Sembrano poveri ma felici. Si conoscono tutti. I bambini giocano a calcio con palle di plastica leggera e fina. Washington s'informa, e decidiamo che aspettare un'altra ora non vale la pena. Ritorniamo a Cusco tramite Chincero, come siamo venuti. Arriviamo verso le sei, tra bagliori di sole e temporali tropicali, stanchi ma felici.

A cena Paolo e Marcella propongono Pacha Papa, che non solo è riportato nella nostra guida come uno dei migliori ristoranti di Cusco, ma è anche vicino al nostro hotel. Io prendo una zuppa di papas, liscia e saporita, e "adobo de chanco", uno stufato di maiale in salsa granata, soffice e buonissimo. Finisco la zuppa, e la maggior parte dello stufato, che provano e approvano anche Paola e Paolo. I ragazzi continuano a mangiare cibi locali, soprattutto di carne. Verso le nove, finita cena, corriamo all'hotel, visto che piove. Le tettoie ci riparano comunque un bel po'.

Dormo malissimo. Incubi di tutti i tipi. Sento la digestione pesante. Come se non arrivasse sangue all'intestino. Alle 5, alla fine, mi alzo. In bagno, diarrea come acqua. Forti dolori di stomaco. Il programma del 26 dicembre, sabato, è sveglia alle 5 e un quarto, per prendere il treno delle 6:53 che porta a Machu Picchu. Il giorno più importante del viaggio, ed io mi sento malissimo. Non faccio colazione. Mi porto la carta igienica nello zaino.

Paola ha messo i vestiti per 36 ore per tutti e noi 4 in un solo bagaglio a mano, gli altri 3 li lasciamo qui al Second Home visto che ci ritorneremo il 27 sera. Il taxi ci mette circa 30 minuti per portarci alla stazione di treni di Poroy, un po' fuori Cusco. Il treno del PeruRail è in orario, e la nostra cabina (carro) F non è nemmeno pienissima. Fa abbastanza freddo, anche nello scompartimento si vede l'alito che fa fumo quando esce dalla bocca di Paola.

Io mi sono messo i due maglioni pesanti che ho, e mi sono coperto la pancia con 5, dico 5, delle coperte di lana spessa, credo di alpaca, del PeruRail. L'intestino è in subbuglio, e passo la prima ora del viaggio soffrendo.

Poi piano piano mi sento un po' meglio. Godo nel vedere Paola Andrea e Pietro felici, spensierati, contenti di essere seduti vicino nel VistaDome, il nome del nostro treno. Si chiama così perché ha "vista", cioè non solo enormi finestroni laterali ma anche finestre sul tetto. E presto ci rendiamo conto della bellezza del paesaggio che ci circonda, imponente se visto guardando in su.

Il ricordo più vivido del viaggio di Pietro sarà quando vede dal finestrone laterale sinistro del treno una ragazzina piccolina, che sta carponi, ginocchia piegate, gonna alzata, e fa la cacca nella campagna, all'aperto.

Siamo oramai nella valle sacra, dell'Urubamba. Spesso abbiamo a fianco muri di montagne, verdi e alte un chilometro sopra di noi, ma solo pochi metri dal lato del treno. Capisco come gli incas costringessero gli spagnoli in queste strettissime valli, per poi colpirli dai picchi delle montagne con rocce, anche arroventate, fionde, lance e frecce. Anche un sassolino scagliato da così in alto poteva fare più che male ad un conquistador in corazza. Alcuni ne morirono.

Arriviamo ad Aguas Calientes alle 10 di mattina. Sembra di essere in un posto da Far West, di frontiera. Ci assalgono decine di piccoli peruviani che vogliono venderci roba. Ci sono una trentina di rappresentati dei vari hotel che sono venuti a prendere i loro ospiti. Io ho letto sulla guida che di solito tutti gli hotel hanno un rappresentante. Ma del rappresentante dell'Hatun Inti, il nostro hotel, neanche una traccia. Intanto pioviggina, e compriamo 4 ponchos.

Un po' disperati, non sappiamo che fare. Ma sono io quello che ha più contatti con i peruviani durante il viaggio, e che parla lo spagnolo più comprensibile. Chiedo al rappresentante dell'hotel Inkaterra dove prendere un taxi per l'Hatun Inti. Mi dice che il rappresentante dell'Hatun Inti è lì, che ci aspetta. Lo trovo in un angolo, con la scritta "Hatun Inti" semi-nascosta. Lo prenderei a schiaffi, ma invece lo saluto cordialmente e diventiamo quasi amici.

L'Hatun Inti è lì sotto alla stazione. Scopro che Aguas Calientes ha solo 2500 abitanti, quasi tutte guide, venditori, albergatori o guidatori di bus, insomma tutto qui è legato al turismo. Aguas Calientes prende il nome da delle sorgenti di acqua termale calda che sono in città. Pensate, c'è una sola strada, e sull'altra scorre il treno. Neanche a sognarla si immagina una città così fuori dal mondo come questa. I marciapiedi sono ancora in costruzione, e talmente sconnessi che conviene camminare dove corre il treno, dopo aver guardato bene da tutti e due i lati.

L'hotel è quasi sulla ferrovia, ma molto bello. Per 260 dollari, uno dei più economici. La cosa che mi piace di più è che la camera mia e di Paola, la 302, è sopra l'irruento Urubamba. Il rumore del fiume è fortissimo, ma mi piace da morire. Il ricordo del rumore del mare di San Vito è subitaneo. Marcella, al 402, si farà cambiare camera non volendo rischiare insonnia da fiume. Io intanto scarico in bagno altre due volte acqua sporca.

Partiamo in bus per Machu Picchu. Machu Picchu significa "vecchia montagna" (Machu =vecchio, Picchu=montagna). È una delle nuove 7 meraviglie del mondo, e non ci deluderà. È una città inca che secondo me deve la sua fortuna a due fattori: uno la sua posizione, e l'altro la sua misteriosità. È stata fondata anch'essa da Pachacute, non si sa quando, forse nel 1200, forse nel 1400 (se è stato Pachacute, dev'essere della metà del 1400). Ha circa 200 abitazioni, e quindi poteva avere al massimo 1000 abitanti. Probabilmente più spesso 500. Era un posto religioso? Un posto di difesa? Nessuno veramente lo sa. Tutto su Machu Picchu è mistero.

Il posto è pazzescamente bello da un punto di vista geofisico. È adagiato su una piana a 2400 metri tra montagne sacre. Il centro abitato è alle falde del Huayna Picchu (nuova montagna). Il Huchuy Picchu (piccola montagna) è a forma di condor, come la città. Il Phutukusi è il mio monte favorito, ma non riesco mai a ricordarmi questo nome Quechua. Dalla cittadina di Machu Picchu sicuramente si dominava la valle dell'Urubamba giù sotto. E non era invisibile da sotto.

Dopo aver tanto letto, mi sono fatto un'idea di cos'era Machu Picchu. Una delle tante cittadine a guardia della valle sagrada degli Inca lungo l'Urubamba. Un posto nascosto, geograficamente molto facile da difendere. Nella parte piana, era facile vivere in città. Nella collinetta vicino, conveniente fare le terrazze per l'agricoltura. La presenza di montagne così imponenti intorno, alcune a forma di condor, rendeva il posto pieno di misticismo religioso.

Perché fu abbandonato? Molte le leggende. Una improvvisa mancanza d'acqua? L'acqua però scorre ancora nelle "fontane" di Machu Picchu, nel 2009. Un'epidemia? Non ce ne sono tracce. Io credo a quello che ci dirà la guida a Machu Picchu, cioè che nel 1533-7 circa, alla venuta dei conquistadores, gli abitanti di Machu Picchu abbandonarono la città per andare ad aiutare la capitale Cusco assediata dai conquistadores. E il mistero e la fortuna di Machu Picchu è che gli invasori non ci arrivarono mai. Non ci sono reperti spagnoli in questa cittadina.

Poi Machu Picchu scompare dalle mappe e dalla storia per quasi 400 anni. Uno studioso di storia sudamericana della Yale University, Higam Bingham, nel 1909 inizia ad esplorare da queste parti. È un intraprendente trentenne. Indiana Jones, il celebre eroe di film d'avventura interpretato da Harrison Ford, è un po' copiato da questo leggendario esploratore. Il 24 giugno del 1911, convince, pagandolo un soldo d'oro, Merchor Arteaga e un ragazzino di 10 anni, Pablito, a mostragli reperti inca importanti. I locali hanno sempre saputo della presenza di Machu Picchu sulla montagna. Ma, forse per paura che fosse una città stregata, o almeno troppo sacra per essere visitata, l'avevano ignorata.

Bingham si rende conto della straordinaria scoperta archeologica, una delle più importanti mai fatte nella storia. Machu Picchu è coperta da rovi, vegetazione che nasconde i templi, le case, le porte, chissà forse anche i tesori di Machu Picchu. Nel 1912, e poi ancora nel 1915, Bingham e i suoi colleghi della Yale University, del National Geographic e dello Smithsonian, i suoi sponsors, riportano alla storia Machu Picchu. Non trovano oro, ma una città quasi intatta che tanto ci ha insegnato sugli incas. Molti reperti li porta in Connecticut, in prestito, con la scusa di studiarli, ma purtroppo non sono stati più restituiti.

Il bus che parte da Aguas Calientes si infila subito su una strada non asfaltata, piena di buche. Ci mette 20 minuti a fare una decina di tornanti per inerpicarsi per circa 500 metri fino a Machu Picchu. La vista della Valle Sagrada dell'Urubamba sotto è magnifica. Piove. Mannaggia. Ma non sarà certo la pioggia, dopo migliaia e migliaia di chilometri per arrivare qui, 3 aerei, poi treni e bus, soroche e diarrea, che ci fermeranno. Impossibile.

Ad Aguas Calientes avevamo già comprato come detto dei poncho leggeri a 5 soles l'uno. Io giallo, Andrea blu, Pietro rosso con cappuccio rosa, e Paola azzurro. Sono essenziali ora sotto la pioggia tropicale. Mercanteggio per una guida. Jovanna parla bene inglese, è di Aguas Calientes, e mi fa lo "sconto" da 60 a 50 dollari, così la prendo per due ore. I Fortina non sono per le guide, e ci dividiamo.

Jovanna ci spiega la storia e le leggende di Machu Picchu, di cui vi ho un po' detto sopra. Le case che incontriamo dopo l'ingresso sono magazzini, dove la comunità teneva mais, papas (patate), carne sotto sale, e tanti altri cereali e cibi. I muri sono tipici inca, di pietre di granito mirabilmente incastonate tra loro senza malta o calce. I tetti sono rifatti, con il metodo inca, di giunchi.

Poi passiamo per la zona agricola, a terrazze. Sulle terrazze, pascolano sotto la pioggia dei lama pacifici, automatici tosaerba. Le terrazze semimillenarie drenano benissimo la molta acqua che scorre dalle sorgenti e che cade la maggior parte dei giorni dell'anno in forma di piogge tropicali.

Si vede, davanti, la città di Machu Picchu. Malgrado la pioggia, lo spettacolo abbaglia. Sembra di essere in una cartolina. La pace e l'immensità del posto, così misterioso, mi mettono serenità. È un momento che non dimenticherò mai. Andrea inizia a scattare foto a raffica, credo ne farà 300 in 5 ore. Io faccio le riprese, nascondendo la preziosa videocamera quando non la uso sotto il poncho, per non farla bagnare.

Anche Pietro e Paola sono sorridenti nonostante il tempo. Dopo ogni racconto di Jovanna, lei ci chiede se abbiamo domande. Ne abbiamo sempre, tutti e quattro. Più tardi, quando ci riuniremo a Luca, Andrea e Pietro sfoggeranno quello che hanno imparato. Mi rendo conto che hanno assorbito più dettagli di me, spero se li ricorderanno per sempre.

Passiamo poi Llaqtapunku, la porta principale. Come la maggior parte delle porte (e finestre) inca è a forma trapezoidale. Un grosso pezzo di granito ne forma la parte superiore. Nella parte interna, Jovanna ci fa notare dei buchi nella pietra. Bingham ipotizzò che qui c'erano delle corde che reggevano una porta di legno, probabilmente di tronchi di eucalipto. Probabilmente aveva ragione. Andrea capisce che le porte delle città in genere avevano solo delle tende, per la privacy. Gli inca erano un popolo molto onesto, e non c'erano furti. Ma, per l'arrivo degli spagnoli, era stata fatta questa porta per difendersi dagli invasori.

Poi passiamo per un posto dove c'erano le cave da cui estrarre il granito. Jovanna ci spiega che usavano utensili di bronzo, o anche di pietra lavica, per rompere e levigare il granito locale. Leggerò che altri studiosi hanno detto che il bronzo non ce l'avrebbe fatta a lavorare quella pietra così dura. Chissà. Ci mostra anche una grande roccia con su un lato piatto una linea di 6-7 buchi. Dice che facevano i buchi con utensili di metallo, e poi mettevano dei bastoncini di legno, che una volta bagnati si espandevano e spaccavano la roccia. Su una guida leggo invece che questa pietra è stata lavorata da archeologi nel 1900. Ancora mistero, non si sa a chi credere.

Siamo nella parte sacra della città, a sinistra guardando l'Huayna Picchu. Il tempio del sole è circolare, il che non è comune ma neanche raro per gli inca. Ha due finestre, una verso est, una verso sud. Quella dell'est è perfettamente allineata al sole del 21 giugno, qui solstizio d'inverno e maggiore festa inca. Quella verso il Machu Picchu è perfettamente allineata per il 21 dicembre, solstizio d'estate. Sotto il Tempio del Sole, c'e come una caverna naturale, chiamata Tomba dell'Inca. Tutti i nomi delle varie strutture di Machu Picchu sono stati dati da Bingham. Molti storici non sono d'accordo sulle sue supposizioni. Per esempio non si sono trovate tracce di tombe regali qui.

Poi Jovanna ci spiega, alle "fontane", il sistema idrico di Machu Picchu, ancora ora in funzione. L'acqua convogliata da sorgenti naturali e scoli della pioggia abbondante bastava a tutti i bisogni della comunità: bere, cucinare, irrigare, lavare, ecc.

La società inca era un po' teocratica, un po' democratica. Tutti i raccolti si dividevano a seconda del bisogno personale. Anche i vecchi contribuivano alle attività della comunità. Le donne filavano la lana e cucinavano. I giovani si potevano sposare solo dopo i vent'anni, e solo dopo aver convissuto almeno un anno in armonia con la sposa (erano monogami, a parte l'inca e qualche nobile). Se ci usciva il figlio, e la coppia si separava, il figlio andava a vivere coi nonni. Si andava a caccia di lama, alpaca, porcellini d'india o altra selvaggina solo se ce n'era bisogno, su ordinanza dell'inca. Così da permettere agli animali di riprodursi ed essere disponibili sempre in caso di necessità.

Jovanna ci dice che gli inca erano tutti buoni, e non esisteva il crimine. Se qualcuno commetteva un reato, tipo furto, veniva esiliato. Le mie guide e libri di storia parlano anche di torture, di impiccagioni, di prigione. Comunque la mia impressione era che, seguendo l'esempio del probo e gentile inca, anche la popolazione fosse pacifica e poco attacchina. Il socialismo li aiutava, e i migliori potevano sempre aspirare a cariche militari o religiose di prestigio. Nella piazza sacra, ci sono il tempio delle tre finestre, il tempio principale, e la casa dell'Inca.

Una delle cose più interessanti è una pietra con tre scalini su tutti i due lati. Gli scalini del lato sinistro, dice Jovanna, rappresentano, da su a scendere, il mondo degli astri, poi quello terrestre, poi quello degli inferi (condor, puma, e serpente). Dal lato destro, i principi inca: lavoro, insegnamento e amore. Sono d'accordissimo con questi valori, li sento miei. L'ombra proiettata da questa pietra è la croce inca, simile a quella latina. Il tempio si chiama delle 3 "ventane" (finestre).

Jovanna ci spiega perché il tempio principale ha un lato del muro sbilenco. È un po' crollato, ma non per terremoti, come pensavamo. È così per lo stesso motivo della torre di Pisa: sotto c'è un faglia tettonica naturale. L'enorme peso dei massi l'ha fatto spostare su un lato. Un'altra curiosità è che questo tempio non era stato ancora completato. Sul selciato, c'è ancora un masso di 5 x 2 x 0,5 metri con sotto massi per spostarlo. È indubbiamente stato abbandonato prima di essere terminato. Poi Jovanna ci ha fatto notare una roccia naturale che mostra in miniatura il paesaggio delle montagne di Machu Picchu e il fiume Urubamba, rappresentato da un canaletto.

Siamo scesi da questa collinetta, e poi risaliti su un'altra elevazione sacra, detta Intiwatana. Sulla sommità, il tempio dove il sole ("Inti" in Quechua) veniva "legato". La parte più importante è un lastrone di pietra cuboidale con sopra un altro cubo più piccolo. I 4 lati di questi cubi sono perfettamente allineati ai 4 punti cardinali. Il 21 giugno i raggi del sole illuminano due cerchi concentrici su una pietra limitrofa. Molto misterioso...

Jovanna ci fa scendere dalla scalinata a ovest, ripidissima. A sinistra della scalinata c'è uno strapiombo di almeno un chilometro. Noi non ce ne accorgiamo molto perché è nascosto ora da nuvole. Camminiamo sulle nuvole! Pietro ha un po' paura a scendere le scale ripide, bagnate e scivolose, senza ben vedere cosa c'è intorno. Ci mette un secolo, anche se gli tengo la mano.

Davanti, altre nuvole, tra le quali si intravedono a tratti Huayna Picchu, e anche una piccola catena di 3 montagnette. Jovanna ci fa notare che sono a forma di condor, con le ali spiegate.

Giù c'è il grande spazio usato come piazza principale, luogo d'incontro e di manifestazioni religiose. Prima c'era un grande masso, probabilmente sacro. Essendo questo l'unico posto pianeggiante e ampio di Machu Picchu, anni fa spostarono una prima volta il masso per farvi atterrare i re di Spagna. Poi, quando lo spostarono una seconda volta per il meeting dei capi di stato dell'America Latina, il masso si spezzò, irreparabilmente. Ora l'hanno sepolto, vergogna! Scoprirò più in là che un economo peruviano ha stimato in 600 miliardi di euro la somma che gli spagnoli dovrebbero ridare al Perù per tutte le cose che si sono rubati. C'è una causa in corso.

Nella parte est della città, Bingham e altri credono ci sia stata la parte scolastica. Sul prato, c'è ancora una pietra da dove probabilmente la maestra o il maestro facevano lezione. Infatti era un posto perfetto, come ci ha fatto vedere Jovanna, per l'acustica. Abbiamo battuto le mani, e si sente un'eco molto chiara e rimbombante per tutta Machu Picchu.

Proseguendo sempre nella parte est, Jovanna ci spiega che siamo arrivati al tempio del condor. Per terra, c'è un lastrone di granito triangolare, con la punta verso di noi scolpita con la testa del condor. Poi ci sono anche due pietre a forma di boomerang che formano la "sciarpa bianca" caratteristica del collo del condor peruviano. Dietro, due massoni di granito, parte della roccia, in piedi, formano una "V", che rappresenta le ali del condor. Sul corpo orizzontale del condor gli inca sacrificavano lama e porcellini d'india. Poi venivano i condor e mangiavano queste bestie morte. Il volo successivo dei condor avrebbe portato in cielo con sé le anime dei morti fin su al loro paradiso. Bellissimo, suggestivo.

Jovanna ci spiega tutto, e ci dà qui un'alternativa. Scegliamo chiaramente la più difficile. Entriamo sotto un'ala del condor, in uno stretto cunicolo. Mi devo abbassare, e devo anche togliere lo zaino dalla spalla, perché non c'è abbastanza spazio laterale. Ci ha spiegato che, salendo alcuni gradini, nel cuore del condor, c'erano 3 nicchie dove hanno trovato 3 mummie inca. Erano tenute su con delle funi legate a dei buchi sull'entrata delle nicchie. I buchi si notano ancora, le nicchie sono ora vuote. Le mummie erano messe in posizione fetale. Sotto, un altare inca.

Successivamente, siamo passati per la "fontana". Le sorgenti di Machu Picchu e il loro metodo di raccolta di acque piovane producono ancora da 10 a 100 litri al minuto. Dopo altre foto, con Jovanna siamo tornati all'entrata, dove abbiamo stampato i passaporti con l'emblema di "Machu Picchu", e abbiamo preso gratis la cartina del posto. Erano quasi le 2, e Andrea Pietro e Paola avevano fame. Jovanna ci consiglia lo snack bar, e ci saluta. È stata brava, come tutte le guide che abbiamo avuto.

Pietro si divora un hamburger. Paola un panino al prosciutto cotto e formaggio, caldo. Ad Andrea, il solito titubante quanto a cibi, piace, e si convince a comprarlo anche lui. Io guardo, lo stomaco ancora in convalescenza. Arrivano anche i Fortina, con cui scambiamo impressioni, e pianifichiamo le prossime ore.

Smette di piovere, e decidiamo di tornare "dentro" Machu Picchu. Ora è ancora più bello, si sono alzate le nuvole, c'e il sole. Facciamo ancora più foto. Il paesaggio è ancora più mistico, ora che la folla è andata via prendendo l'ultimo treno di ritorno per Cusco. Le terrazze a ovest e i templi inca con coltivazioni di piante medicinali, ora si vedono, sparito il cotone impalpabile delle nubi andine.

Ci spingiamo ancora più a nord nel complesso cittadino, sino alla roccia sacra. È una pietra naturale, con intorno un piedistallo inca dove mettevano le offerte ai loro dei. Paola scende giù, fino all'entrata del Huayna Picchu. C'è la cartina grande, e si vede che Paola vorrebbe scalarla questa montagna sacra, che avrete visto in tante cartoline o libri. Il sentiero è aperto sino all'una, quindi per oggi è troppo tardi. Ci vuole almeno un'ora per salire su per godere di una delle più belle viste di Machu Picchu.

Tornando verso i bus, i ragazzi ci dicono di tacere. Ci avviciniamo, e vediamo che hanno trovato dei conigli selvatici che si muovono tra alcune macerie di Machu Picchu. Andrea nota che hanno la coda lunga, e quindi non sono conigli soliti. Passiamo almeno 10 minuti a fare foto a questi simpatici animali locali, qui chiamati Viskacha. Intanto Andrea e Pietro spiegano ai Fortina tutto quello che hanno imparato. Poco dopo, una guardia deve chiamarci per farci uscire. Sono quasi le 5, e siamo quasi gli ultimi visitatori rimasti. Machu Picchu è stata tutta per noi.

Il bus ci riporta stanchi ad Aguas Calientes e all'Hatun Inti. Altra scarica, poi dormo un'ora e mezza. Paola si lava i capelli, ma quelli che si divertono di più, come al solito, sono i ragazzi. Mi sveglio e li trovo tutti e tre nella Jacuzzi a più di 10 bocchette, coperti di schiuma bianca candida e leggera. Che vita!

Per cena, facciamo il giro di Aguas Calientes. L'albero di Natale in Plaza des Armas è fatto di bottiglie di Sprite di plastica verde. Pietro dice che è bellissimo. E papà pensa che è stupendo (Pietro). Controlliamo i menu di due o tre ristoranti ma nessuno sembra soddisfare Marcella e Paola. Ripropongo "Indio feliz", raccomandato dalla nostra guida Fodors. È nell'unica via del paese. Oramai anche stanchi, entriamo. È gestito da un francese, con tanto di bandana. L'ambiente interno è accogliente, con statue indie di legno, colori caldi, ci piace a tutti subito. Una volta deciso cosa ordinare, riscappo all'hotel per una scarica. Appena in tempo...

Luca e Marcella non hanno praticamente mangiato. Pietro fa lo show. Si mangia praticamente il ristorante, compresa la apple pie (torta di mele), buonissima solo a vederla.

Dormo bene, ma la mattina del 27 dicembre altre scariche. Una è troppo veloce, ci rimettono i pantaloni del pigiama. Pietro scappa dalla mamma. Il programma era di restare lì fino al treno delle 4 e mezza, ma cerchiamo di prenderne uno prima. Per perdere tempo, abbiamo gironzolato per i mercatini della stazione. Pietro si è comprato un cappello di lana di alpaca, peruviano tipico, bianconero, "ma non dell'innominabile", dice. Pietro si è pure comprato una statuetta della trinità degli inca: condor, puma, e serpente, scolpiti insieme uno sopra all'altro.

Prendiamo il treno per Ollantaytambo delle 1 e mezza circa. Salgono con noi due italiani. Ram è di vicino Gubbio. Chantal mezza italiana mezza sudafricana. Sono due figli dei fiori coi capelli rasta, 23 anni, e tanta voglia di vivere. Simpatici, girano il mondo e poi vendono in Italia quello che collezionano all'estero. Tra due settimane saranno in India o Thailandia. Che invidia!

Ad Ollantaytambo abbiamo preso tutti e 9 un mini-van per 90 soles che ci riportasse a Cusco. I nostri 3 ragazzi, Chantal e Ram hanno giocato a fiori frutta e città (usando località geografiche, nomi e animali). Scesi i nostri due nuovi amici a Plaza San Blas, senza averli fatti pagare, purtroppo Chantal si dimentica sul van cappello e sciarpa, che cercheremo inutilmente di restituirle. A Cusco noi 7 siamo andati a Second Home, dove ci aspettava Carlos. Visto che siamo arrivati verso le 5, c'è stato tempo di fare un giro al centro, sempre ricercando Chantal e Ram. Abbiamo visto così meglio la città, incluso la piazza e la chiesa di San Francisco. Io compro due croci inca di argento per mamma e Anna.

A cena, dopo aver letto svariati menù, finiamo vicino Plaza des Armes, in un bel ristorante italiano, chiamato "Intimo". Andrea si pappa una carbonara, Pietro e Luca pappardelle alla bolognese. Io niente. I bambini riprendono un'altra carbonara, che si spolpano in 3.

Il giorno dopo, 28 dicembre, lunedì, sveglia alle 6:30. Si va verso il lago Titicaca. Alle 8 c'è il treno. Il treno Cusco-Puno è molto elegante, tipo Orient Express, stile 1800. I camerieri sono vestiti da gala, il servizio in posate che sembrano d'argento, piatti raffinati, tovaglie ricamate. Comode poltrone singole, rivestimenti in legno tipo mogano. Ci sentiamo in un'altra epoca, viaggiamo da signori. Molti dei passeggeri sono americani o europei.

Dal treno Cusco-Puno, il paesaggio è quasi tutta campagna, su negli altipiani tra le Ande. Non scenderemo mai sotto i 3800 metri. I pochi villaggi hanno peruviani poveri che ci salutano come fossimo reali. 351 chilometri di distanza, percorsi in 10 ore. Quindi treno lentissimo. Ma 10 ore che mi piacciono da morire. Posso scrivere molte di queste righe di ricordi, circondato dai miei amati e da un paesaggio stupendo. Ci fermiamo solo una volta, per 10 minuti. Compro un meraviglioso maglione di alpaca o forse di acrilico (ma per me è lo stesso), a 50 soles. Mi piace moltissimo, blu e nero, con i lama e figure inca. Paola si compra una bella sciarpa. Andrea tocca un agnellino, e gli faccio la foto. Due vecchie peruviane stanno sedute insieme a due alpaca.

Sul treno, l'ultimo vagone è all'aperto. Si vedono le rotaie fuggire dritte dritte verso nord-ovest, verso Cusco. L'aria è fresca, non fa freddo, anzi quasi 20 gradi, c'è un bellissimo sole limpido, tutta la terra riluce. In lontananza, i picchi da 6000 metri delle Ande, bianchi innevati. Davanti a noi, le case di fango e paglia di qualche peruviano.

Attraversiamo anche cittadine di una povertà impensabile. Vendono cose che non vorrebbe da noi neanche lo sfasciacarrozze. Bulloni arrugginiti e usati, sembra Cambogia. Molti hanno vestiti bucati. Le foglie di coca sono probabilmente a sconto, qui. A Juliaca, le bancarelle di plastica coperte di alluminio sono praticamente attaccate al treno. Sembra che li mettiamo sotto. I bambini ci salutano comunque sorridenti. Il servizio a cinque stelle del treno elegantissimo mi fa sentire in po' in colpa. Così è il mondo.

Puno è il porto più importante sul lago Titicaca. Ci arriviamo verso le 6 e mezza (10 ore e mezza di un viaggio stupendo, rilassante). Piove. Juan ci aspetta, ci porta in 5 minuti al Mosoq Inn. Puno è veramente brutta. Una città di frontiera anche questa, poverissima. L'hotel è il peggiore che avremo, comunque passabile. Piove a dirotto. Andres ci porta tutti e sette, con i 3 bambini stipati nel bagagliaio, al "centro", per la cena. Il centro di Puno è solo 4 isolati. A caso, finiamo in un localaccio. Andrea, Pietro e Luca mangiano una milanese. Io niente.

Il giorno dopo, il 29 dicembre, sarà uno dei più belli e indimenticabili. Il solo nome Titicaca sa per me di mistero. Un mito. Uno di quei nomi, tipo Katmandu o Galapagos, che sa di altro mondo. Titicaca significa, in Quechua, "puma grigio", per la forma del lago, un puma che sta assalendo un coniglio. Da qui, dalle acque del lago, si dice siano nati i primi re inca, Manco Capac, e sua sorella, la Coya Mama Ocllo.

Partenza alle 9 dal porto di Puno con barca privata. La guida è Eliseo, 27 anni, di Tiquale. Sarà la guida migliore di tutto il viaggio. Tiquale è un'isola sul lago, con soli 2000 abitanti. Eliseo è il primo abitante di qui a conseguire la laurea, e l'unica guida del lago Titicaca che veramente vi è nato in mezzo. A Tiquale si sposano tutti entro i 20 anni, le donne entro i 18. Lui, ancora "solo", è un'anomalia. Ma si vede che è innamoratissimo della sua terra.

Un po' mi ricorda me. Storia simile. Suo padre è il suo mito. Finalmente gli concede di andare a studiare a Puno da adolescente. Impara non solo lo spagnolo (la sua lingua è il Quechua), ma anche il suo inglese è ottimo. L'ha imparato a scuola, e facendo la guida ad anglofoni negli ultimi 6 mesi. La prossima lingua che imparerà sarà il francese. Se fosse perinatologo, lo vorrei nel mio team.

Le barche del lago Titicaca sono più o meno tutte antiquate e lente. La nostra è una barca vecchia ma efficiente. Il capitano non parla quasi mai, suo figlio, avrà 15 anni, l'aiuta. La giornata non potrebbe essere migliore. Il sole a 3810 metri brucia. La luce che si riflette sui più di 8000 chilometri quadrati del Titicaca è chiara, serena.

Eliseo ci racconta un po' del lago, ce ne spiega la topografia con una dettagliatissima mappa. Il 60% è nel Perù, il 40% boliviano. La profondità varia da un metro a più di 300. Nella grande baia di Puno, ci sono vasti tratti che sono coperti da vegetazione. Purtroppo quasi nessuno vive più di pesca. Un tassista la sera prima ci aveva detto che gli americani avevano inserito un paio di pesci qui che avevano sconvolto l'ecofauna del Titicaca, cosicché non era più un lago pescoso, negli ultimi 40 anni. Chissà.

Le due prime ore di viaggio le passiamo poi quasi tutte sul tetto della barca. Ci facciamo prestare da Eliseo la protezione solare 15. Godiamo dell'aria fresca, incontaminata, ma soprattutto di un paesaggio straordinario. L'acqua che solchiamo diventa sempre più blu. Ogni tanto una barca, spesso a remi, raramente a vela, ci passa vicino. Ci salutano tutti, sorridendo. Continuiamo ad inondare Eliseo di domande, sul Titicaca quanto su di lui, che non si tira mai indietro.

Uno dei ricordi più indelebili del viaggio saranno le isole galleggianti degli Uros. Il popolo Uro è un popolo sempre vissuto sul Titicaca. Forse a causa di persecuzioni varie nei secoli, da tempo immemorabile vivono su isolette artificiali di "totora", giunchi locali. Su una di queste Eliseo ci spiegherà come si costruiscono. Gli Uros tagliano 1-2 metri di terra coperta di piante tipo fini e freschi bambù della costa. Poi li fanno galleggiare, legandoli ad altri 1-2 metri quadrati di questi blocchi. Sopra, mettono almeno 2-3 strati di totora tagliati, per uno spessore di quasi un altro metro.

Noi "sbarchiamo" su una di queste. Eliseo dice che quando era piccolo ce n'erano a mala pena 5-7 di questi isolotti artificiali in tutto il Titicaca. Ora ce ne sono più di 50, per i turisti. Altri, più di 100, sono da un'altra parte, lì vivono Uros che giustamente di turisti non ne vogliono sapere. Camminando il piede si infossa nella "paglia", io che sono grande e grosso guardo bene dove metto i piedi e, ad ogni passo, mi sento un po' sprofondare. Ma dice Eliseo che la sensazione è di tutti.

Ci fanno sedere in circolo. Io filmo tutto, sembra irreale. Sull'isolotto vive una famiglia Uros, delle vecchiette, alcuni più giovani, 3-4 bambini. Chi fila lana, chi fa monili, chi gioca. Due uomini stanno a sentire, senza capire niente, la lezione meravigliosa che ci fa Eliseo in inglese. Ci spiega dove siamo, chi sono gli Uros, come sono costruite queste isole artificiali.

Gli Uros sono pescatori, e ci fanno vedere pesci vivi al centro dell'isolotto, dove c'è una specie di vivaio, e dove li seccano. Cacciano anche uccelli, e di uccelli secchi ce ne sono tanti sull'isolotto. Poi usano questi e altra merce tipo monili e stoffe che fanno loro per scambiarli con gli Aymara, i Quecus ed altre popolazioni che vivono sulle rive del Titicaca, per ottenere in cambio papas, mais, fave, ecc.

La loro è una vita semplice. Più moderna di quanto sembrerebbe all'inizio. Una donna infatti ci porta in giro e fa da guida dell'isolotto. Ci fa vedere la sua casa. Grazie a Fujimori, presidente del Perù dal 1990 al 2000 e ora in prigione per corruzione, hanno i pannelli solari. Così nella capanna c'è un televisore di 6 pollici massimo, in bianco e nero, acceso. Usano l'elettricità del sole anche per la radio. Cuociono a gas. Non hanno riscaldamento, malgrado i 3810 metri e le temperature sotto lo zero per parte dell'anno. Ma se dovessi scegliere coperte con cui difendermi dal freddo in qualunque parte del mondo, sceglierei le meravigliose stoffe colorate di queste donne del Perù.

La nostra guida Uro ci fa vedere che è incinta, ottavo mese. Da ostetrico l'avevo intuito, ma devo dire che in queste donne bassette, sempre tondeggianti, ricoperte di molti strati di coperte spesse e sgargianti, non è facile capire il mese di gestazione. Parla un discreto spagnolo, almeno quanto me.

Mi racconta che non sa bene quando partorirà, ma sa che partorirà lì, sull'isolotto, nella sua tenda di 2 x 2 metri quadrati. Come per il primo figlio, ora di 7 anni. Niente visite prenatali, ecografie. Tutto naturale. L'aiuterà al massimo una Uro che aiuta le partorienti delle isole artificiali Uro. In mente mia, le auguro tanta fortuna, e auspico che tutto andrà bene per una secondipara in salute come lei.

Compriamo una riproduzione di una delle loro barche di giunchi, e un copricuscino blu e marrone, tutto fatto a mano da loro. Abbiamo oramai realizzato durante il viaggio che questo è il modo migliore per aiutarli. Un aiuto diretto, i soldi non passono per l'Unicef o per lo United Way, per altro degnissime società di sostegno internazionale. Qui l'aiuto lo puoi dare direttamente, e ti fa sentir bene.

Con questo spirito, accettiamo per 5 dollari a cranio anche la gita nella barca di giunchi, a due piani. Io e i ragazzi ovviamente ci mettiamo al secondo piano, con vista. Due di quelle che avevo definito vecchiette si mettono ai remi, e portano noi 7 più loro, in tutto un peso non indifferente, in giro. Remano come i gondolieri veneziani, i loro remi si muovono come pinne di pesci. Telefono estasiato ai miei.

Dopo altre due ore di serena navigazione sul Titicaca, arriviamo a Tiquale. Un'isola di 5 per 2 chilometri quadrati, fino a 20 anni fa popolata da solo 500 persone, ora 2000. 400 famiglie che si conoscono tutte. Eliseo dice che si sposano solo fra di loro, ma non tra parenti di primo o secondo grado. In fondo tutti e 4 noi adulti in viaggio, Marcella Paola Paolo e io, ci occupiamo in qualche modo di genetica, e vorremmo studiare il DNA di questi abitanti, pensandoli molto "consanguinei".

Sbarchiamo sul lato est dell'isola, attaccandoci ad altri barconi. Non c'è quasi nessuno. Sono circa l'una e mezza. Eliseo ci fa inerpicare su dei viottoli di pietra. Ci sono pecorelle al pascolo, vegetazione ancora una volta di papas e fave; il mais è qui molto basso. Si semina ad agosto, si raccoglie a febbraio, è un po' tutto il contrario dell'emisfero nord, il nostro. Saliamo ansimando un po'. Il sole non scotta ma si vede che è intenso. Siamo in fondo in piena estate, vicini all'equatore. Dopo una ventina di minuti, arriviamo in una casupola di locali. Tutti vestiti a festa, gentilissimi, che parlano solo Quechua.

Tè di un'erba aromatica locale, zuppa di cereali dell'isola, e trota arrosto. Sarà uno dei pasti migliori del viaggio. Leggero, gustoso, saziante. La vista dal bancone dove ci servono è da cartolina, tutto il Titicaca ai nostri piedi. Eliseo ci fa una lezione sui cappelli locali. Ce ne sono diversi per il ragazzino, il giovane non sposato e lo sposato, e altri differenti per le signorine e le signore. I colori sgargianti sono per le zitelle, il nero più per le sposate. Paola contribuisce ad aiutarli comprandosi dei bellissimi e ben ricamati guanti di lana. Lasciamo questa piccola fattoria sapendo di lasciare un piccolo paradiso.

Continuiamo a salire fino a 4070 metri, la sommità dell'isola. Lungo la strada un vecchio sta scendendo, spostandosi con le mani stando seduto, le gambe inutilizzabili. Non capisco se ha un problema congenito, un'infezione, o delle fratture. I piedi sono storpi, come le gambe. È sudicio, e sorridente. Paola gli fa l'elemosina. In piazza, vari archi, e splendida vista. Anche se è primo pomeriggio, c'è il mercato aperto. Marcella compra dell'acqua, per non rimanere disidratati.

Per la strada, bambini che giocano. O portano enormi sacchi fatti da coperte variopinte sulle spalle. A 7 anni possono portare su e giù dalla montagna dai 5 ai 10 chili. Più grandi, fino a 60 chili. Non ci sono animali da trasporto qui a Taquile. Nel Perù, solo il lama. In tutto il paese, grande 4 volte l'Italia, non abbiamo mai,

mai visto macchine per l'agricoltura, neanche un trattore. Niente. Agricoltura del 1700. Altre ragazze del luogo ci camminano accanto. Ridono. Penso siano incuriosite da quei visitatori, che non parlano tra loro neanche inglese.

La barca ci aspetta dal lato opposto dell'isola, il lato ovest. 530 scalini, sconnessi e alti, di discesa. Pietro è debole, saranno i 4070 metri di altezza, ma riprende spirito, anche se non aveva mangiato molto. La giornata è sempre splendida. Facciamo tante foto. È dall'inizio del giro in barca che avevo parlato con Eliseo di un mio sogno, una mia voglia. Mi dice che quello è il momento giusto. L'acqua è a 9 gradi, ma fuori fa caldo, e da questo lato dell'isola non tira vento.

Mi spoglio nella barca. Aspetto due minuti in canottiera e costume sul molo per finire di sudare (dai 530 gradini sotto il sole), mentre mi guardano una decina di peruviani locali. Mi tolgo la canottiera. Mi sento bene. Eliseo mi assicura che di fronte a me ci sono almeno 6 metri di profondità, malgrado si veda benissimo il fondo.

Io mi faccio un tuffo di testa e una ventina di bracciate veloci nel Titicaca, profumato, freddino. Soprattutto mi viene il fiatone facendo quelle bracciate per arrivare su dei massi da dove poter risalire. È talmente bello, sono talmente felice, che mi rituffcrei. Ma vedo che la ciurma aspetta solo me per ripartire, siamo un po' in ritardo.

Mi ricordo di quando mi sono buttato alle Hawaii, in una pozza da almeno 7-8 metri di altezza, in mezzo alle rocce. O quando mi sono buttato nel lago ghiacciato sulle dolomiti, dove il bagno non se lo fanno neanche i locali e mi sono sentito il cuore quasi fermarsi, congelato.

Mi asciugo dentro la barca, in costume, senza asciugamani, inesistenti. Resteremo quasi sempre dentro per le 3 ore di viaggio di ritorno a Puno. Sul tetto della barca, ci sono 4 giovani locali a cui diamo un passaggio.

C'era un motivo per cui tutte le compagnie turistiche vogliono partire a fare il giro del lago Titicaca per le 7 di mattina, e tornare per le 4, massimo 5 di pomeriggio. La sera prima eravamo arrivati in un nubifragio. Anche oggi, mentre a Tiquale partiamo che sembra luglio in Italia, davanti a noi, verso ovest e Puno, il cielo è scuro. Sempre più nero. Presto si vedono lampi, sempre più frequenti. Poi tuoni, e Luca si rintana nel sedile. Presto è sopra di noi un grande temporale, fulmini dappertutto, il comandante non vede niente di fronte a sé, non ha nemmeno i tergicristalli.

Io guardo la costa avvicinarsi, e quando il temporale è al massimo penso che sia io che Andrea e Pietro (e chiaramente gli altri) ce la dovremo fare anche a nuoto, se le cose peggiorano. Eliseo dice che questa è la routine del lago in questa stagione dopo le 5. Arriviamo dopo le 6, è spiovuto. Anzi, è sereno ora su Puno, e c'e poi un meraviglioso arcobaleno. L'arco è completo, 180 gradi di bagliore a 7 colori. La luce di prima del tramonto, alle 6 – 6 e mezza, è stupenda, soffice, vellutata.

Ultime foto, propina e ringraziamenti a Eliseo, bravissimo. Il van di Juan ci riporta all'Hotel. Il tempo di controllare l'email con il wifi, ed è ora di cena. Visto che non piove, ci avventuriamo a piedi. Restiamo tutti e 7 uniti, io ho capito bene la strada, ed ho la mappa. Ci facciamo non solo i 4 isolati di negozi centrali, ma anche un paio di belle piazze. Anche qui la maggiore è Plaza des Armas. Mi affascina uno spettacolo all'aperto di commedianti al fianco della chiesa di San Francisco. Più di 200 facce scure di peruviani ridono alle loro gag.

Lo shopping prima di cena regala una bella sciarpa di alpaca rossa a Marcella. A cena, capitiamo bene, oramai i ristoranti peruviani li sappiamo scegliere bene. Dal "Casones", prendiamo pasta e, come al solito qui in Perù, un po' di carne. Nessuno ha tanta fame, ma la giornata è stata lunga, e mangiamo un po'. La digestione sopra i 3000 metri è lunga e difficile, poco ossigeno arriva all'intestino.

La mattina del 30 dicembre abbiamo appuntamento con Juan, che ci ha organizzato un pulmino da 10 persone per portarci da Puno ad Arequipa. Non c'è altro mezzo di trasporto, né aereo né treno. A colazione si beve soprattutto tè. L'autista sembra burbero, e sarà l'unico che quasi ignoro. Saranno 5 lunghe ore per percorrere i più di 350 chilometri fino ad Arequipa.

La vista per la strada è molto suggestiva. Il 90% del viaggio è sopra i 4000 metri. Per lo più un deserto avana chiaro e grigio, con sparsi ciuffi d'erba da 20 cm. A destra, un fiume ci segue, andando però nella direzione opposta, per almeno 100 chilometri. Marcella ha l'altimetro sul Tissot da polso. L'altitudine massima è sopra i 4500 metri. Miracolosamente, forse ormai abituati, nessuno soffre di soroche.

Il paesaggio offre ad un punto anche dei luminosissimi laghi, placidi e splendenti al sole. Quasi nessun albero per tutti i 350 chilometri, ma centinaia di lama e di alpaca. A 60 chilometri da Arequipa, gioiamo nel vedere anche tanti branchi di vigogne, snelle, marrone chiaro, eleganti. Sono animali che non si fanno addomesticare, e si vede che pascolano serenamente. A parte il traffico povero e chiassoso di Juliana, incontreremo per tutto il viaggio di più di 4 ore meno di 100 macchine. Ci sorpassa solo una Datsun. Non ci fermiamo neanche a fare pipì, i ragazzi (e le ragazze) sono eccezionali.

A 50 chilometri da Arequipa, si vede "El Misty". Arequipa significa "la città sotto la montagna/vulcano", e ora capisco perché. El Misty è un vulcano di oltre 600 metri, a 17 chilometri dal centro di Arequipa. La seconda città del Perù è ai piedi di questo colosso, apparentemente isolato. I terremoti ad Arequipa sono frequenti, e spesso devastanti. L'ultimo nel 2001.

Arequipa è anche chiamata la "Cuidad blanca". Anche questo è facilmente comprensibile avvicinandosi alla città. È circondata da deserto quasi bianco, e la periferia è peggio di Napoli. Polverosa, poverissima. La pietra bianca che ne adorna i magnifici palazzi e chiese del centro in periferia è solo polvere accecante e sporcante. Ci domandiamo che ci siamo venuti a fare qui giù. L'autista non sa neanche dov'è l'hotel. Glielo devo spiegare, ma solo chiedendo ad un poliziotto in moto, che gentilmente si ferma, l'autista si convince. Marcella dice di aver visto l'hotel dal finestrino, prima del ponte, e l'aiuta.

Se l'arrivo è stato schifoso, l'hotel si rivela un eden. È il "Posada del puente", ed è appunto accanto al ponte, appena prima del centro, sulla riva destra del fiume. Mura bianche, giardino inglese, due alpaca che brucano pacifici, la suite dei Fortina è elegantissima. Paolo dice che sembra di essere in Africa. Lì ci son posti poverissimi, dove d'un tratto ti ritrovi negli eden costruiti dai e per i ricchissimi colonizzatori. Un attimo prima eravamo nel deserto, nello smog, nel terzo mondo. Ora siamo in paradiso, gli uccelli cinguettano sugli alberi tropicali, i fiori brillano al sole delle 2 i loro mille colori, il "porter" in perfetta divisa ci porta le valigie in camera, il prato è perfetto, verdissimo, gli alpaca ci guardano con occhi socchiusi e beati.

Facciamo un ottimo pranzo all'hotel, vista sul fiume, i fiori, gli alpaca. I bambini prendono per dessert fragole e panna in coppa di cristallo. Però. Noto che un'alpaca respira abbastanza velocemente, e non capisco perché.

Come al solito io Paola e Marcella spingiamo il gruppo alla visita turistica e culturale della città. Attraversando il ponte, si gira poi a destra e si è subito per la via principale. Presto costeggiamo alte mura grigio chiaro, quasi bianche, il colore della pietra della città.

Sono le mura dell'attrazione turistica più importante della città, il Monasterio di Santa Catarina. Fondato verso il 1579, raccoglieva al suo auge, i primi 300 anni, circa 175 suore di clausura. Erano le figlie, spesso secondogenite, dei benestanti di Arequipa. Avevano anche servitù a loro disposizione. In tutto, circa 400 abitanti in questa città nella città. Come al solito, prenoto la guida, la "saputella" Jovanna.

Pietro ed Andrea ne seguono le spiegazioni ad occhi e orecchie spalancati. Le suore qui potevano parlare con le famiglie solo per pochi minuti una volta al mese. La grata che ci fa vedere Jovanna chiaramente non permette né contatto fisico né visivo. Le stesse suore erano confinate nelle loro camere, per altro ben arredate, per la gran parte del giorno. Si andava a messa la mattina, sempre separate dagli "altri", e si poteva riunirsi nei meravigliosi chiostri (tre) il pomeriggio, ma solo per mezz'ora. Il resto, preghiera e lavoro, per lo più ricamo.

Pietro dice a tutti che a lui, come secondogenito, non sarebbe proprio convenuto nascere lì ad Arequipa 300 anni fa. Sarebbe diventato probabilmente prete. O, al massimo, andava in guerra. Lo dice serio serio, felice di poterci stringere la mano. È sempre il "pamba", un orsacchiotto sensibile in un corpo da gigante Rambo.

Jovanna ci porta anche nel Noviziato, poi nella parte delle suore vere e proprie, nelle cucine, nei bei salotti, nelle parti comunitarie, ai confessori, alla lavanderia, nei giardini con l'orto, ecc. Una vera cittadina, con strade che connettono appartamentini, piazzette e i chiostri. Il coro, la chiesa e i secondi piani, dove vivevano le "serve", ritorneremo a vederli finito il giro, durato una velocissima ora.

Continuiamo per Plaza des Armas. Come vi ho detto prima, le piazze principali di tutte le maggiori città che abbiamo visitato, incluse Lima, Cusco, Aguas Calientes, e Arequipa, si chiamano tutte uguali, "Plaza des Armas". Io intanto compro una tavoletta di cioccolata fondente locale, fatta lì ad Arequipa. La finiamo insieme tutti e 7 in 3 minuti.

Più della solita Cattedrale, che si erge ancora una volta mastodontica sul lato est della Plaza, è un'altra chiesa la più conosciuta di qui. L'Iglesia de la Compania è all'angolo opposto della Plaza. Continuando, scorgiamo presto la sua famosa facciata. In pietra "blanca" locale ("sillar"), di origine vulcanica; vedendola un italiano penserebbe di trovarsi a Lecce. La facciata è stile barocco leccese, piena di intarsi e bassorilievi intricatissimi. Si vedono angeli con la faccia inca. Questi in Puglia non ci sono, però.

Visitiamo anche questa chiesa al suo interno. Ci sono stupende cappelle e una nicchia centrale con legno dorato lavorato finemente. Dico i miei soliti Padre Nostro e Ave Maria, ringraziandoLi di avermi dato una vita così piena di meraviglie.

Camminando poi sul lato ovest della Plaza, conduco il gruppo ad un'altra attrazione turistica di Arequipa. I Fortina di visite turistiche non ne possono più, e loro vanno avanti in albergo. Io compro i biglietti d'ingresso nel chiosco medievale del museo, e ci sediamo a vedere il video esplicativo. Purtroppo (o per fortuna, così facciamo pratica) per Paola e i ragazzi, in spagnolo.

Vi avevo parlato prima di sacrifici inca. Finalmente eravamo arrivati al luogo delle prove. Nel 1995, una spedizione di archeologi americani ha trovato, a 6000 metri, sulle falde del vulcano, il corpo di una tredicenne, perfettamente conservato dal ghiaccio. L'eruzione del vulcano aveva sciolto il ghiaccio che l'aveva preservata dal 1470 in poi, e i ricercatori l'avevano trovata avvolta solo dei suoi panni sacrificali.

"Juanita" è famosissima in Perù. Il museo mostra chiaramente che altri 12 bambini sono stati trovati alle pendici dei vari monti sacri delle Ande. Ma Juanita è la meglio preservata. Il film mostra bene la ricostruzione storica. Un gruppo di religiosi inca l'avrebbe portata lì in alta quota, vicino agli dei. Non si sa per qual motivo, ma il fatto che una delle sue borsine variopinte contenga una conchiglia fa pensare che ci si trovasse in un periodo di poche piogge, ed il sacrificio di Juanita servisse ad invogliare gli dei a terminare la siccità facendo piovere.

Juanita era figlia della nobiltà, bella, buona, brava, si sceglieva solo la migliore. Era consapevole di quello a cui andava incontro, ed orgogliosa di potersi sacrificare per il suo popolo, andando poi ad abitare tra gli dei. Almeno questo racconta il video, chiaramente doppiato sull'inglese in spagnolo. Stremata dallo sforzo della scalata, mezza congelata dal freddo, veniva anestetizzata con la coca, e stordita con il cicha, la bevanda rosa e alcolica per adulti derivata dal mais.

Vestita elegantemente, piena di monili dal significato religioso, veniva poi distesa sulla terra gelata. Mezza addormentata ed ubriaca, le veniva coperto il capo con una coperta di lana peruviana di alpaca. Alla fine, un colpo di pietra le venne scagliato sulla fronte destra, appena sopra l'orbita. Si calcola che sia morta di emorragia cerebrale in 30-40 minuti.

Tutto questo è documentato scientificamente da studi internazionali. Juanita è stata studiata anche con la risonanza magnetica, negli USA, alla John Hopkins. I peruviani innamorati degli inca che la volevano morta assiderata si devono ricredere. La coca e la cicha sono state trovate nel suo stomaco. Gli studi radiologici sono inequivocabili.

Pietro è ancora più preoccupato. E ce lo dice. Ora capisce che, se nasceva spagnolo faceva il prete o il soldato, e se nasceva inca magari lo sacrificavano su per i ghiacciai con una botta in testa...

Torniamo nel nostro hotel "paradiso" verso le 6 e mezza, all'imbrunire. El Misty veglia su di noi, enorme sull'orizzonte nord. Ci rilassiamo nel nostro giardino eden. L'alpaca avana scuro respira ansimando. Il cielo si fa scuro, illuminato però da una luna piena stupenda. Una luna messa dalla parte sbagliata del cielo per noi dell'emisfero settentrionale, qui è nella parte nord del cielo, accanto ad El Misty, il vulcano di più di 6000 metri. Non potevano disegnare un panorama più affascinante.

Facciamo il brindisi di capodanno nella suite dei Fortina, anche se è 30 dicembre. La serata del 31 saremmo stati separati, quindi ora festeggiamo insieme un magnifico viaggio, un 2009 che ha avuto per tutti noi grandissime soddisfazioni, sperando in un sano e felice 2010. Il prosecco donato dall'Hotel Monasterio di Cusco è leggero, freddo, e scende facilmente tra le papille gustative in festa.

La trattoria del Monasterio l'abbiamo prenotata da un paio di sere. È il ristorante più rinomato di questa seconda città del Perù, Arequipa. È gestito da Gaston, il miglior ristoratore del Perù. La sala nel Monasterio dove ci fanno sedere è dentro quella che credo sia stata una vecchia stanza di monache.

La cena sarà spettacolare. Niente di monacale, una festa per la gola. Si dice che il Perù abbia la miglior cucina del Sud America. A me piacciono anche molto le altre cucine, come quella brasiliana e argentina, ma Gaston riesce veramente a metter su ottimi ristoranti. Qui si mangia italo-peruviano. Anche i ragazzi divorano tutto. Forse sarà che siamo tornati, dopo una settimana in alta quota, sotto i 3000 metri, e sta tornando l'appetito.

Il 31 dicembre è l'ultimo giorno di viaggio. È una delle poche giornate in cui ci possiamo svegliare quando vogliamo. Pietro si sveglia verso le 7:40 comunque. Io e lui siamo pronti per le 8. Le toilette in Perù funzionano malino. Ti dicono di buttare la carta igienica sporca (sì, dopo averla usata per pulirsi di dietro...) in appositi contenitori vicino al water, e non nella tazza. Noi non lo facciamo. Quindi, tra me e Pietro, attappiamo anche questa tazza, schifosamente piena.

Nel magnifico giardino della Posada del Puente, il nostro hotel, controllo l'email. Abbiamo trovato il wifi in tutti gli hotel dove siamo stati. Il progresso e la globalizzazione, almeno se visti dal punto di vista del web, sono impressionanti. Mentre gli altri piano piano si svegliano e fanno capolino dalle camere che si affacciano tutte sul giardino, ci accorgiamo di un importante cambiamento. Zoologico.

È nato un piccolo alpaca! La mamma alpaca marrone chiaro, quasi granata, che avevo visto ansimare il giorno prima, ora ha vicino a sé un piccolo alpaca. Distesa per terra, leggerissima, la neonata sembra morta, esile, quasi immobile. Ma respira. Dev'essere nata tra le 8 e le 9, mentre godevo dei raggi del Perù al computer. Corro a prendere la videocamera, ed ad avvertire Paola, Andrea, Pietro, ancora in camera, ma oramai svegli.

Poi sembra di assistere ad un programma in televisione di Animal Planet. Piano piano l'alpaca neonata si incomincia a muovere. La mamma la lecca e la coccola. Con la punta del viso, la stimola un po'. Anche con i neonati umani noi medici dobbiamo stimolarli un po' per invogliarli a respirare correttamente. La piccola respira meglio, si ossigena, adesso si muove. Poi un po' di più.

Prova ad alzarsi. Per un paio d'ore, non ce la fa. Mette le gambette sotto il corpo, cerca di distenderle, ma, per quanto il suo corpo sia gracile, i suoi arti inferiori sono ancora più fini, e non ce la fanno a sollevarla. Le gambe sembrano solo tendini, sono molto deboli, dopo un po' si ha l'impressione che ci vorranno giorni, forse settimane, prima di potersi mettere in piedi.

La mamma continua a stimolarla. Dopo periodi di 5 o 10 minuti di riposo, accasciata al suolo erboso, la neonata prova e riprova. E tanta dedizione, tanto coraggio, pagano. Si alza! Si tiene su 3 secondi, poi ricade. Ma la seconda volta, 10 minuti più tardi, è già meglio. Dopo un'altra mezz'oretta già tenta i primi passi.

Il pomeriggio, quando torneremo, cammina quasi bene, le gambe sono più sicure, già più forti. Succhia bene, anche se i guardiani spremono il seno della mamma che non sembra tanto portata per l'allattamento, e spesso si allontana quando la neonata tenta di andarle sotto e succhiare. E la vita continua, si rinnova...

Avendo già visto bene tutte le attrattive culturali e turistiche di Arequipa, sono i ragazzi che possono finalmente scegliere cosa fare. Il programma quindi è... sport! La Posada del Puente è affiliata ad un centro sportivo. Ci facciamo dare i "pass", gratis, ed io, Andrea, Pietro, Luca e Paolo ci avviamo. Più tardi, verranno anche le "signore".

Il club è fantastico. Dice bene Paolo, il Gobernador, che, soprattutto in questi paesi in via di sviluppo, aver soldi fa la differenza. Ci sono 3 campi da calcio regolamentari (da 11 contro 11), con prato perfetto all'inglese verdissimo e appena rasato, piste di atletica, svariati campi da tennis, 2 piscine, campi da basket, ecc. Per noi amanti dello sport, da 10 giorni a digiuno, un miraggio.

I ragazzi vogliono sfidare me e Paolo a calcio. Luca è un vero campione. Ha già fatto provini con Arsenal e Juventus, quest'estate sarà con il Manchester United. Non scherzo, tutto vero. Un mancino naturale dal dribbling ubriacante. Accettiamo la sfida sapendo di perdere. Eriberto, uno dei tanti custodi, ci dà la palla da calcio, di cuoio. Il campo è su quello regolamentare, ma giochiamo sulle porte tipo da pallamano già predisposte nel lato più corto del campo. Sempre un 60 metri di lunghezza.

E a 2.350 metri, sono tanti. Io e Paolo ansimiamo un po'. La partita procede più o meno in parità, 1-1, 2-2, 4-3. Poi io e Paolo ci accorgiamo che i ragazzi non la "passano" tanto, incominciamo ad intuire i passaggi. Tranne Pietro, nessuno difende. Finale: 10-4 per noi. Un successone. E un gran fiatone per tutti. I ragazzi si sono divertiti lo stesso un mondo, e magari la prossima volta impareranno che, in 3 contro 2, è importante passarsela più di frequente, con meno dribbling o tiri avventati.

Riconsegniamo la palla a Eriberto, e cerchiamo quale sia la piscina migliore per noi. Intanto arrivano Marcella e Paola, serene, sorridenti, felici. Paolo e i ragazzi fanno il bagno nella piscina scoperta, nulla da invidiare ad una europea o nordamericana. Io mi rilasso parlando con le ragazze, avendo paura che l'acqua freschetta della piscina mi possa compromettere ancora di più le funzioni intestinali.

Poi basket. Andrea, Pietro e Luca formano un team. Io gioco in squadra prima con Paolo, poi dopo che lui si spacca il labbro sulla testa del figlio Luca, con Paola. Alla fine Paolo torna in squadra per dare un cambio a Paola. Partitona. Senza risparmio. I ragazzi non ci stanno a perdere ancora. A calcio Luca l'aveva fatta da leader della sua squadra. Questa volta è Andrea il top scorer, con i suoi lay-up. Si arriva a 21.

Sul 20-19 per noi, pressing a tutto campo. Una palla esce fuori, e tutte e due le squadre reclamano la rimessa. Tafferugli, e finisce 21-19 per noi. Ma offriamo questa volta la rivincita. A 11.

Sul 10-9 per noi, Andrea riceve la palla sulla sinistra. Terzo tempo, lay-up perfetto sul padre immobile, battuto. 11-10 per Andrea, Luca e Pietro. Hanno vinto. Bravissimi. Se lo sono meritato. Andrea da allora continua a dire di voler giocare a pallacanestro di più, ogni giorno.

Dopo docce in albergo, ripetiamo il pranzo sempre alla Posada del Puente. Come al solito buonissimo, da signori. Servizio perfetto. Finiamo le valigie, e, verso le 3, due taxi ci accompagnano all'aeroporto. I ragazzi sarebbero stati un'altra settimana in questo hotel, eden di relax ed anche di sport.

L'aeroporto di Arequipa è piccolino, tipo quello di Palermo. Anche qui, come per Punta Raisi in Sicilia, un'enorme montagna è accanto all'aeroporto: El Misty. Il volo LAN Arequipa-Lima dura solo un'oretta. Relax.

A Lima, ci separiamo dai Fortina, ottimi compagni di viaggio. Non solo ci hanno fatto compagnia, ma con loro ci siamo sentiti più protetti, più clan. Decidere in team ha senz'altro reso questo viaggio migliore. Andrea e Pietro eleggono i Fortina a miglior famiglia con cui viaggiare, a parte i parenti. Tutto merito di Luca, loro coetaneo, compagno di giochi ed amico. Hanno parlato più loro 3 insieme di noi 4 adulti, per altro loquaci.

Il Costa del Sol Ramada Hotel è di fronte al padiglione principale dei terminal dell'aeroporto. Paola ha fatto un'ottima scelta. Attraversiamo la strada, e siamo arrivati. Come al solito, l'hotel ha la nostra prenotazione, e finiamo al 235 e 237, camere comunicanti. Intanto chiamo Sulmona per dare il buon anno a tutti, sono mezzanotte e mezza del 1 gennaio 2010 in Italia. È bello poter sempre dare e ricevere buone notizie, speriamo continui così. Parlo con Anna, mamma e papà. Più tardi riesco a comunicare anche con Michele. Tramite loro, estendo auguri a tutti gli altri, impegnati in tombole e torroni.

Cena "normale", non da cenone di Capodanno, in hotel, e per le 9 siamo già in pigiama. Mi addormento alle 9 e mezza. Il Capodanno non è una festa che mi piaccia più di tanto, e ci dobbiamo svegliare alle 4 e mezza la mattina dopo. Nel sonno non sento nessun botto o musica. 7 ore di dormita non mi bastano data la stanchezza, ma sono molto di più di quello che speravo per la prima notte del 2010.

I voli di ritorno, Lima-Panama, Panama-Houston, e Houston-Philadelphia, sono più o meno in orario, senza troppe turbolenze (eppure oramai ci sono abituato). Viene la parte forse più bella del viaggio. Le prime 8 ore, io e Andrea rileggiamo queste righe, ne aggiungiamo di nuove, correggiamo, miglioriamo il testo. Vedo che ho trasmesso la passione dello scrivere anche ad Andrea, e sono orgoglioso di lui, che si ricorda molti più dettagli di me della nostra avventura.

Ecco, i viaggi sono questo. La preparazione le settimane prima della partenza. E i ricordi dopo, che spero più indelebili ora che sono memorizzati nel computer. Quasi tutto costa, ma ci sono certe cose che per me sono impagabili. Non hanno prezzo. Queste ore insieme ad Andrea passate a ricreare quest'esperienza per chiunque ne voglia goderne sono preziose, e valgono oro inca.

Come potete immaginare, sono tante le cose che possono andare storte in viaggi del genere. Di ritorno a casa, sogno ad occhi aperti, e ringrazio qualcuno lassù di averci fatto tornare sani e salvi. Il fatto che non arrivi una valigia, rimasta a Houston, quasi quasi è benedetto, visto che insomma qualcosa di sbagliato deve pure andare, e quello è senz'altro il minimo. Il giorno dopo ce la riporta gratis a casa un gentilissimo inserviente dell'aeroporto. Che volete di più?

Riconoscenza

Andrea Berghella, Anna Berghella, Paola Luzi,
Francesco Palazzo, Pierluigi Santangelo,
per aver corretto le prime bozze.

La foto in copertina è da www.poim.it

www.ingramcontent.com/pod-product-compliance
Lightning Source LLC
Chambersburg PA
CBHW020004050426
42450CB00005B/303